墨香财经学术文库

U0656637

现代化产业体系建设进程中我国农村劳动力就业政策变迁与效果研究

Research on the Change and Effect of China's Rural Labor
Employment Policy in the Process of Modern Industrial
System Construction

郭云贵 著

东北财经大学出版社
Dongbei University of Finance & Economics Press
大连

图书在版编目（CIP）数据

现代化产业体系建设进程中我国农村劳动力就业政策变迁与效果研究 / 郭
云贵著. —大连：东北财经大学出版社，2024.12. —（墨香财经学术文
库）. —ISBN 978-7-5654-5381-6

Ⅰ. F323.6

中国国家版本馆CIP数据核字第2024Y51J59号

东北财经大学出版社出版发行

　　大连市黑石礁尖山街217号　　邮政编码　　116025

网　　　址：http://www.dufep.cn

读者信箱：dufep@dufe.edu.cn

大连永盛印业有限公司印刷

幅面尺寸：170mm×240mm　字数：169千字　印张：13.75　插页：1
2024年12月第1版　　　　　2024年12月第1次印刷
责任编辑：蔡　丽　　　　　责任校对：那　欣
封面设计：原　皓　　　　　版式设计：原　皓
定价：78.00元

教学支持　售后服务　　联系电话：(0411) 84710309
版权所有　侵权必究　　举报电话：(0411) 84710523
如有印装质量问题，请联系营销部：(0411) 84710711

前言

　　中国的现代化产业体系建设是一个长期、复杂且持续演进的过程，主要体现为产业结构逐步实现由农业、传统工业占主导地位向由先进制造业、高技术产业和现代服务业占主导地位的转变。在这个过程中，规模庞大的农村劳动力扮演着重要角色。他们不仅通过辛勤耕耘、努力劳作，为全国人民提供了丰富的农产品，确保了国家的粮食安全，还作为重要的劳动力资源，为三大产业的发展作出了重要贡献，推动了现代化产业体系建设的进程。而农村劳动力在三大产业发展中的作用发挥情况，无疑要受到国家颁布的农村劳动力就业政策的影响。可以说，在中国产业发展史上，农村劳动力就业政策一直是推动产业体系演进的重要因素。因此，回顾我国农村劳动力就业政策变迁的历程，分析其变迁的动因，评估其效果，不仅可以有助于政府了解就业政策的形成规律，也可以为今后就业政策的出台提供决策参考，从而更好地为现代化产业体系建设提供劳动力理论支撑。

本书通过系统的研究和分析，为读者呈现一个关于现代化产业体系建设进程中我国农村劳动力就业政策变迁的全景图。在绪论部分，本书阐述了解决我国农村劳动力就业问题的重要性以及对农村劳动力就业政策进行深入研究的必要性，并介绍了研究目的与意义、研究思路与方法，以及研究创新点。在文献回顾与理论基础部分，本书梳理了国内外研究现状，界定了核心概念，阐述了理论基础，从而为后续研究提供理论支撑。

在政策变迁历程分析部分，本书从中华人民共和国成立初期（1949—1956年）、社会主义建设探索时期（1957—1978年）、改革开放初期（1979—1992年）、社会主义市场经济体制确立初期（1993—2012年）和中国特色社会主义新时代（2013年至今）这5个阶段，分别对我国农村劳动力就业政策出台的背景、就业政策的目标以及就业政策变迁的关键节点与主要内容进行了分析，以全面呈现我国农村劳动力就业政策变迁的基本情况。

在政策变迁的动因探究部分，本书首先介绍了目前理论界关于政策变迁动因的解释，然后综合运用多源流理论、政策学习理论、政策变迁的6种视角以及内因-外因等理论进行分析，将推动我国农村劳动力就业政策变迁的主要动力因素归纳为关注指标的变化、关键事件的发生、待解决问题的发生、政策学习的需要、政策效果的反馈、利益相关方博弈、政府的理性选择和政策活动家的推动这8个方面，最后对就业政策变迁的4种动力机制进行了分析。

在就业政策的效果评估部分，本书在介绍所采用的评估方法后，基于政策变迁历程分析部分所归纳出的就业政策目标，分别对中华人民共和国成立初期（1949—1956年）、社会主义建设探索时期（1957—1978年）、改革开放初期（1979—1992年）、社会主义市场经济体制确立初期（1993—2012年）和中国特色社会主义新时代（2013年至今）这5个阶段我国农村劳动力就业政策的效果进行了评估，结果发现前3个阶段的就业政策目标只是部分达成，政策效果不够理想，后两个阶段的政策目标已基本达成，政策效果较为理想。

在结论与展望部分，本书从政策变迁历程、政策变迁动因和政策效果评估这3个方面总结了研究结论，并从注重职业技能培训与学历教育提升、拥抱数字经济时代、促进劳动力流动与区域协调发展以及建立政策监测评估与反馈机制这4个方面提出了研究展望。

本书为本人的博士后研究报告，亦是湖南省社会科学成果评审委员会2023年度课题"农民就地就近就业与城乡融合发展的协同机制及推进策略研究"的研究成果。本书的顺利完成得到了本人的两位硕士研究生朱超和熊艺萱的大力协助，在此表示衷心感谢。同时，本书借鉴、引用了国内外许多学者的研究成果，在此诚致谢意。此外，东北财经大学出版社的相关编辑为书籍的出版做了大量基础性工作，并提出了许多宝贵意见和建议，在此表示衷心感谢。

郭云贵

2024年11月

目录

第一章　绪论

第一节　研究背景

　　党的二十大报告提出"建设现代化产业体系"的宏伟目标，强调"坚持把发展经济的着力点放在实体经济上"。2023 年 5 月，在二十届中央财经委员会第一次会议上，习近平总书记强调：现代化产业体系是现代化国家的物质技术基础，必须把发展经济的着力点放在实体经济上，为实现第二个百年奋斗目标提供坚强物质支撑。可见，建设现代化产业体系是党中央从全面建设社会主义现代化国家的高度作出的重大战略部署，对于推动高质量发展、实现中国式现代化具有重大意义。

所谓现代化产业体系，是指以战略性新兴产业为先导，以先进制造业、现代化服务业、现代化农业为基础，以现代化基础设施为支撑，不断实现产业基础高级化、产业结构高度化和合理化、产业链现代化以及数字经济和实体经济融合化发展的产业体系。①现代化产业体系是中国式现代化的重要组成部分，而中国式现代化始于中华人民共和国成立后我们党对社会主义建设道路的实践探索。②因此，我国的现代化产业体系建设最早可以追溯到中华人民共和国成立初期。作为一个发展中国家，我国的现代化产业体系建设是一个长期、复杂且持续演进的过程。在这个过程中，规模庞大的农村劳动力扮演着重要角色。特别是在中华人民共和国成立初期，面对工业基础薄弱、技术水平落后的现状，中央作出"农业支持工业、农村支持城市"③的决策部署，广大农村劳动力不仅通过辛勤耕耘、努力劳作，为工业化和城市提供了大量平价农产品，还通过出义工参与道路、桥梁、水利等基础设施建设，为后来的工农业发展奠定了坚实基础。

农村劳动力在三大产业发展中的作用发挥情况，无疑要受到国家颁布的农村劳动力就业政策的影响。我国是一个农业大国，农村劳动力占比高。而土地资源的稀缺以及农业劳动生产率和集约化程度的提高，使得我国农村劳动力长期面临隐形失业问题。为解决这一问题，我国政府进行了积极探索，陆续颁布了一系列相关政策进行指导。从计划经济时期的村镇企业制度，到改革开放后的推动农村劳动力转移就业政策，再到近年来的同时推进农村劳动力就地就近就业和外出转移就业政策，农村劳动力就业政

①　黄汉权，盛朝迅. 现代化产业体系的内涵特征、演进规律和构建途径［J］. 中国软科学，2023（10）：1-8.

②　杨明伟. 中国式现代化从哪里来［N］. 学习时报，2023-08-23（A1）.

③　谢志强，姜典航. 城乡关系演变：历史轨迹及其基本特点［J］. 中共中央党校学报，2011，15（4）：68-73.

策发生了深刻的变革和演进。根据《中华人民共和国2023年国民经济和社会发展统计公报》的数据，截至2023年年末，全国农民工总数达到2.9753亿人，较2022年增长了0.6个百分点。其中，本地农民工有1.2095亿人，外出农民工有1.7658亿人。可见，近年来推进农村劳动力就地就近就业和外出转移就业的政策取得了显著成效。虽然我国农村劳动力就业形势总体稳定，但是面对艰巨繁重的国内改革发展任务和错综复杂的国际形势，农村劳动力在区域和城乡就业不平衡不充分的问题仍然突出，还有大量农村劳动力需要进行转移就业。有研究指出，预计到"十四五"末，我国农村劳动力会达到2.59亿人，需要转移就业的约有1.16亿~1.48亿人，剩余劳动力可能导致规模性失业的问题值得关注。[①]党的十八大强调"就业是民生之本"，党的十九大指出"就业是最大的民生"，党的二十大提出"就业是最基本的民生"。因此，如何促进农村劳动力充分就业始终是我国经济社会发展的重大课题。[②]如何出台更有效的就业政策，以促进农村劳动力高质量充分就业，值得政策制定者重点关注。

政策的制定和调整往往根据国家的经济发展需求、社会变革和政治情况进行，具有很强的时代印记。理清现代化产业体系建设进程中我国农村劳动力就业政策变迁的脉络对于了解国家的发展方向和制定科学的政策具有重要意义。因此，本研究沿着政策变迁的视角，结合人力资本理论、二元经济理论、制度变迁理论等相关理论，以中华人民共和国成立至今70余年的政策文本为主要研究对象，通过梳理我国农村劳动力就业政策变迁的历程，分析其变迁的动因，并对就业政策的效果进行评估，以期有助于

---

① 谢玲红. "十四五"时期农村劳动力就业：形势展望、结构预测和对策思路 [J]. 农业经济问题，2021 (3)：28-39.

② 高鸣. 促进农村劳动力高质量充分就业：目标、困境与政策构想 [J]. 华中农业大学学报（社会科学版），2023 (3)：1-10.

我国政府了解就业政策的形成规律，并为今后就业政策的出台提供决策参考。

第二节　研究目的与意义

一、研究目的

本研究拟在综合梳理国内外学者关于农村劳动力就业相关理论文献的基础上，从政策变迁的视角出发，运用文本分析、历史分析与逻辑分析相结合的方法，对现代化产业体系建设进程中我国农村劳动力就业政策变迁的历程进行全面的分析总结。同时，本研究拟对我国农村劳动力就业政策变迁的影响因素进行深入探讨，并采用事件研究法对政策的实施效果进行评估。具体而言，本研究将通过对政策文本的深入分析，揭示现代化产业体系建设进程中我国农村劳动力就业政策变迁的历程、动因与效果。基于这一视角，本研究旨在回答以下4个主要问题，也是本研究的核心内容：

问题一："是什么"。本研究通过对政策文本的分析，系统梳理和解读我国现代化产业体系建设进程中不同时期农村劳动力就业政策的具体内容和实施措施。

问题二："为什么"。本研究将分析政策制定者在不同时期制定或调整农村劳动力就业政策的背景和目的，并深入探讨影响政策变迁的动因，如政策学习的需要、待解决问题的发生等，从而深入揭示影响政策变迁的各种因素。

问题三："怎么样"。通过采用事件研究法等方法，本研究对农村劳动力就业政策的实施效果进行全面评估，从而了解政策措施的实施效果、达成的目标以及存在的问题和挑战。

问题四："怎么做"。基于对农村劳动力就业政策变迁的深入研究，本研究将总结学术上的重要发现和价值，并提出相应的政策建议。这将为政府和决策者的政策制定提供有益参考，以促进农村劳动力高质量充分就业和农业现代化进程。

二、研究意义

第一，对于我国政府未来农村劳动力就业政策的制定具有重要的参考价值。通过对历史政策的深入研究，我们可以深刻了解我国政府过去采取的农村劳动力就业政策以及调整所带来的影响和结果，从而对政府未来制定农村劳动力就业政策形成重要的科学参考价值。就我国农村劳动力就业政策而言，通过对宏观政策文本的分析，我们可以深入了解政策的目标、措施和效果，领会政府在农村劳动力就业问题上的思维模式和决策过程，为后续政策的制定提供参考。这种研究方法不仅可以帮助我们发现政策制定的成功因素和失败原因，总结其中的基本规律和发展趋势，以提高政策制定和执行的质量和改进效果，而且有助于识别可能对农村劳动力就业产生负面影响的因素，从而避免重复过去所犯的错误。此外，通过运用二元经济理论等理论框架，我们可以深入研究政府在农村劳动力就业问题上的理论模型和决策逻辑，提升对政策背后机制的理解和把握。这样的研究不仅有助于厘清政府在农村劳动力就业问题上的思路与方向，还能够为制定更为有效的政策提供理论指导和决策支持，特别是在当前经济转型和农村人口流动加剧的背景下，对政府推动农村劳动力就业政策具有重要意义。

第二，有助于了解我国国家治理体系和农村劳动力就业政制定的基本思路。每个国家的治理体系都有其独特性，受到历史、文化、地理等多种因素的影响。对于我国来说，建立和完善适应自身国情的治理体系，是实现国家发展和社会进步的重要基础。国家治理体系现代化是一项复杂且艰巨的任务，需要合理规划以及长久坚持。而中华人民共和国成立以来，社会变革和经济发展不断带来新的挑战和问题，对治理体系的现代化提出新的要求。国家治理体系需要不断进行改革和创新，以适应新的发展需求和满足人民群众的需求与期望。而对我国农村劳动力就业政策的研究，为探讨我国国家治理体系提供了一个重要视角。这一研究涉及对政府在制定相关政策时所面临的形势、考虑的因素、采取的措施以及政策变迁动因和过程的深入理解。通过对这些问题进行研究，我们不仅能够更全面地把握政府制定农村劳动力就业政策的基本思路，而且能够加深对我国国家治理体系的了解。同时，对我国农村劳动力就业政策效果进行评估，可以为考察国家治理能力提供一个新的视角，从而有助于进一步推进国家治理体系的现代化和提升治理能力。

第三节　研究思路与方法

一、研究思路

本研究的目标是深入研究现代化产业体系建设进程中我国农村劳动力就业政策的变迁历程和动因，并评估这些政策的实际效果，以提供理论参考和实践指导。

首先，本研究简要介绍我国农村劳动力就业的背景，并梳理国外和国内就业政策研究的相关文献，归纳出一般规律，以供后续研究借鉴。

其次，本研究详细分析现代化产业体系建设进程中我国农村劳动力就业政策的变迁历程，揭示关键节点和具体内容，并归纳出政策目标，从而为后续的政策评估奠定基础。

再次，本研究探究农村劳动力就业政策变迁的动因，同时以前述归纳出的政策目标为依据，通过定性分析和定量分析相结合的方法对政策效果进行评估。

最后，本研究根据中国特色社会主义新时代农村劳动力就业的现状和发展前景，提出促进农村劳动力高质量充分就业的建议，并指出未来政策制定的基本方向。

二、研究方法

（一）文本分析法

文本分析法是一种通过自然语言处理技术和数据挖掘算法对大量文本数据进行处理和分析的研究方法。它的目的是从文本中提取有意义的信息和模式，并重新组织这些信息，以深入理解文本内容和结构。在研究我国农村劳动力就业政策变迁时，文本分析法可以被用于对政策文件进行分析。本研究通过仔细阅读和理解政策文件，提取相关信息如政策目标、内容、实施措施和相关数据，然后使用质性分析软件 NVivo 12 对这些信息进行编码和归纳，以便进行后续分析。这种方法能够使研究结构更为严谨、逻辑更为严密，且表述更加准确、措辞更加精准。

（二）事件研究法

事件研究法亦称事件分析法，是一种实证研究方法，用以研究特定事件或政策冲击对个体行为的影响。其最初被应用于金融和财务领域，近年来在社会科学领域引起广泛关注，在因果推断和政策评估方面起着重要作用。在我国农村劳动力就业政策变迁过程中，家庭联产承包责任制的实施、"民工潮"的出现等关键事件是重要推动力之一。因此，本研究采用事件研究法对这些关键事件进行分析，以加深我们对政策变迁动因的理解。

（三）定性分析和定量分析相结合

定性分析和定量分析相结合是一种常用的研究方法。定性分析主要被用于非数值型数据的描述性分析和解释，通过观察、访谈和文本分析等方法获取数据。而定量分析被用于对数值型数据的统计分析和量化，通过问卷调查、实验和统计模型等方法收集和分析数据。定性与定量分析的研究方法相结合，能够兼顾主观和客观、深入和广泛的特点，从而提供更全面、准确和可靠的研究结果。定量分析为政策研究提供客观的数据支持，对政策的效果进行量化评估；定性分析则能够提供对政策实施的具体情境和背景的深入理解，对政策的内在规律进行解释和探索。综合运用定性分析与定量分析方法，可以帮助研究者更全面地了解农村劳动力就业政策的变迁，并提供科学依据和政策建议。

（四）历史分析和逻辑分析相结合

通过对历史事件和政策发展的综合分析，本研究采用历史和逻辑两者结合的方法，旨在揭示农村劳动力就业政策变迁的原因和影响因素。通过详细的历史事件和政策发展分析，我们可以深入了解农村劳动力就业政策的演变过程，并把握其发展变化的基本规律。同时，通过逻辑分析和演绎推理，本研究将深入挖掘政策变迁的深层原因和影响因素，以更准确地评估政策的合理性和可行性。通过从历史和逻辑的角度进行综合分析，我们能够更深入地理解农村劳动力就业政策变迁的背景和动因，并提供有益的分析框架，以评估政策的效果和问题。这种方法的应用将为农村劳动力就业政策的改进和决策提供重要的参考，进一步促进农村劳动力就业政策的科学制定和实施。

（五）宏观分析和微观分析相结合

宏观分析和微观分析相结合对研究农村劳动力就业政策变迁具有重要意义。这种方法可以从不同层面和角度深入理解政策变迁的原因、影响因素以及政策变迁所产生的影响。宏观分析是从整体的角度对政策进行分析，主要梳理和探索政策文本；微观分析则关注具体案例和关键事件，以感知政策效应的动态变化。在研究农村劳动力就业政策变迁时，将宏观和微观分析相结合是一种有效的方法，有助于从不同层面和角度深入理解政策变迁的动因，进一步为政策的改进和决策提供有益参考。

（六）政策本质视角和社会本质视角相结合

政策本质视角着眼于政策本身，将其作为评估的核心。政策本质视角主要关注政策制定的根本目标和意图，从而评判政策是否达到了预期效果，并深入挖掘背后的原因。社会本质视角则专注于政策在实施过程中对整个社会和群体的影响。其目标是评估政策对社会公平、社会稳定、社会发展等方面产生的影响，并考察政策是否有助于推动整体社会利益的实现。本研究认为，结合政策本质视角和社会本质视角，对我国农村劳动力就业政策进行效应评估，是理想的方法和角度。这种评估方法不仅能够确保评估的严谨性，也能够提供更准确的分析和表述。

第四节　研究创新点

在以往学者研究成果的基础上，本研究对现代化产业体系建设进程中我国农村劳动力就业政策进行系统研究，旨在全面了解就业政策的变迁历程，并深入考察政策变迁的动因和效果。为了达到以上研究目的，本研究运用了多种理论和方法进行分析，并评估政策效果，以期为农村劳动力就业政策研究提供边际贡献。

一、创新了农村劳动力就业政策研究视角

相对于已有文献对非农就业结果及作用机制的关注，以及对农村劳动力就地就近转移就业的研究，本研究独辟蹊径，从政策制定与实施的视角出发，对农村劳动力就业政策进行了系统而细致的考察。这种方法不仅让我们得以洞察政策意图和执行层面的具体行动，而且使我们能够更全面地掌握解决农村劳动力就业问题的政策工具箱。

二、拓宽了农村劳动力就业政策文本分析范围

与已有文献以改革开放后中央发布的指导"三农"工作的

中央一号文件为研究对象不同，本研究将视野回溯至中华人民
共和国成立初期，覆盖了70余年的政策文本。这一历史跨度不
仅包含了中央"一号文件"，还扩展到了其他相关政策文件，
使我们得以描绘出一个更加丰富和立体的政策变迁全景图。这
样的历史深度和范围拓展，不仅有助于我们更全面地了解农村
劳动力就业政策变迁的动因和效果，还可以为未来政策的制定
提供有益参考。

三、展现了农村劳动力就业政策研究方法论上的多样性

本研究采用文本分析法、事件研究法等多种研究方法，对现
代化产业体系建设进程中我国农村劳动力就业政策变迁进行了多
维度的剖析。特别值得一提的是，本研究采用事件研究法对我国
农村劳动力就业政策的效果进行评估，可以更清晰地展示政策效
果的动态变化情况。

第二章 文献回顾与理论基础

第一节 国内研究现状

就业问题始终是关系民生福祉的核心议题，人们对实现"居者有其屋""勤者有其业"的理想生活状态的追求从未停止。早在东汉时期，《汉书·谷永传》就有提及："薄收赋税，毋殚民财，使天下黎元咸安家乐业。"党的二十大报告指出："强化就业优先政策，健全就业促进机制，促进高质量充分就业。"目前，世界面临百年未有之大变局，我国经济和社会也步入了全新发展阶段，国内劳动力市场发生重大变化，农村劳动力的就业形势变得日益复杂。在此背景下，党和政府在政策制定过程中必须深入研究，并认真考虑如何应对这些变化。

就业政策研究文献不仅可以帮助政策制定者更好地了解政策的潜在影响，从而为政策的制定和调整提供理论依据，还可以帮助政策制定者更好地掌握就业问题的时代特征和发展动向，使政策更具前瞻性和适应性。而系统梳理当前就业政策的研究成果、厘清研究脉络，对后续理论研究和政策制定更是具有重要意义。虽然目前已有一些以"就业政策"为主题的综述类文献，但这些文献主要集中在大学生就业政策、高校毕业生就业政策等主题上，农村劳动力就业政策、残疾人就业政策等其他主题则被忽略。

此外，学者们主要运用传统的文献分析方法进行研究，其研究结果较为主观。因此，本研究采用 CiteSpace 软件对就业政策研究文献进行可视化计量分析，以增强研究结论的客观性。

一、研究方法与数据来源

（一）研究方法

CiteSpace 是一款功能强大的信息可视化软件，它能够对特定领域的学术文献进行计量，并以可视化图谱的形式展示该领域的前沿研究动态和演化趋势。[①]本研究以 CiteSpace 6.2 版本作为工具，在检索到研究文献后，通过对关键词的共现、突现以及聚类分析，呈现国内学者对就业政策的研究现状，并探讨现有研究在该领域取得的成果以及存在的不足之处。通过这些分析手段，我们可以更加深入地了解当前就业政策研究的热点与趋势。

---

① 陈悦，陈超美，刘则渊，等. CiteSpace 知识图谱的方法论功能 [J]. 科学学研究，2015，33（2）：242-253.

（二）数据来源

本研究利用中国知网（CNKI）数据库平台，以"就业政策"为主题词进行期刊文献检索，截至 2023 年 12 月 31 日，共找到相关文献 4 400 篇。其中，最早的相关研究可追溯到 20 世纪 80 年代初。如果限定期刊类别为"核心期刊""CSSCI""CSCD"，则有 1 013 篇文献（以下统称为"核心文献"），其中最早的文献出现于 1992 年。为了体现"就业政策"研究的客观性、具体性和时代性，本研究选用 1992—2023 年的核心文献作为研究对象。

从图 2-1 中可以看出，1998 年以后，关于就业政策的研究文献呈爆发式增长，在 2009 年达到顶峰。可见，在这段时间内，劳动力就业、就业政策受到了社会的广泛关注，也成为学术界的热门研究领域。2009 年后，关于就业政策的研究数量仍保持较高水平，直到 2018 年后才有所下降。

从涉及的学科来看（如图 2-2 所示），在 30 多年的时间里，1 013 篇核心论文涵盖了经济学、管理学、教育学、政治学、社会学等多个学科门类，尤其在经济学领域受到了广大学者的广泛关注。

二、关键词分析

（一）关键词共现分析

关键词作为学术论文研究主题的精炼表达，其关联性在一定程度上可以揭示研究领域中知识的内在联系。①关键词的显现是对文章内容的高度概括，它有助于本研究进一步窥探文章的主

---

① 秦晓楠，卢小丽，武春友. 国内生态安全研究知识图谱——基于 CiteSpace 的计量分析［J］. 生态学报，2014，34（13）：3693-3703.

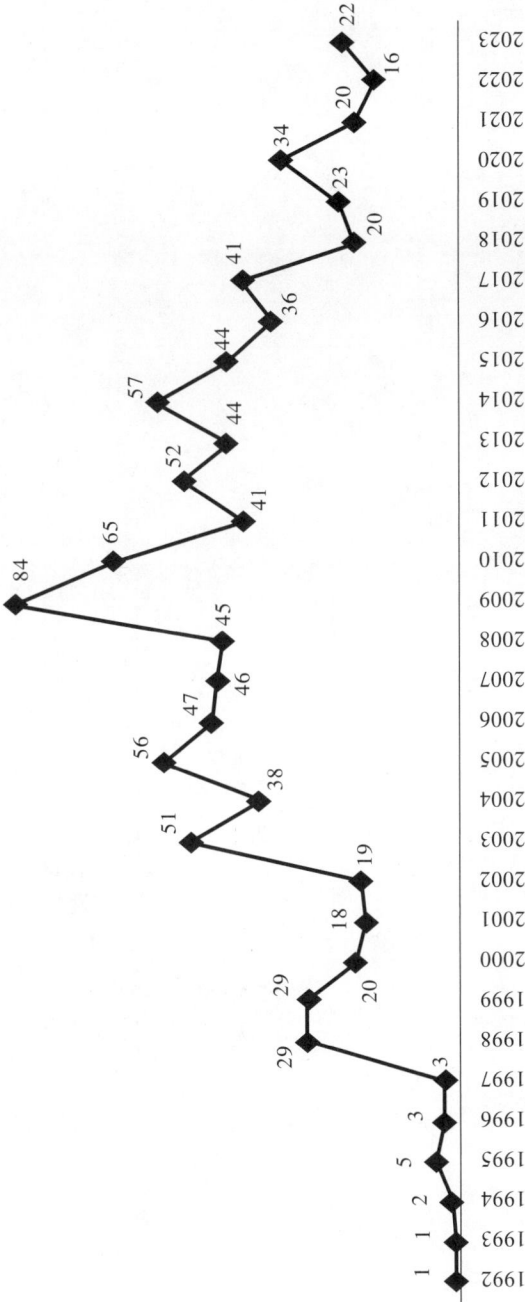

图 2-1 就业政策研究文献文发表数量时间分布

1992 1
1993 1
1994 1 2
1995 5
1996 3 3
1997 3
1998 29
1999 29
2000 20
2001 18
2002 19
2003 51
2004 38
2005 56
2006 47 46
2007 46
2008 45
2009 84
2010 65
2011 41
2012 52
2013 44
2014 57
2015 44
2016 36
2017 41
2018 20
2019 23
2020 34
2021 20
2022 16
2023 22

图例：
- 宏观经济管理与可持续发展
- 人才学与劳动科学
- 高等教育
- 中国政治与国际政治
- 社会学与统计学
- 经济体制改革
- 农业经济
- 财政与税收
- 行政学与国家行政管理
- 政党及群众组织
- 其他

数值：523、381、261、74、47、33、35、25、27、23、120

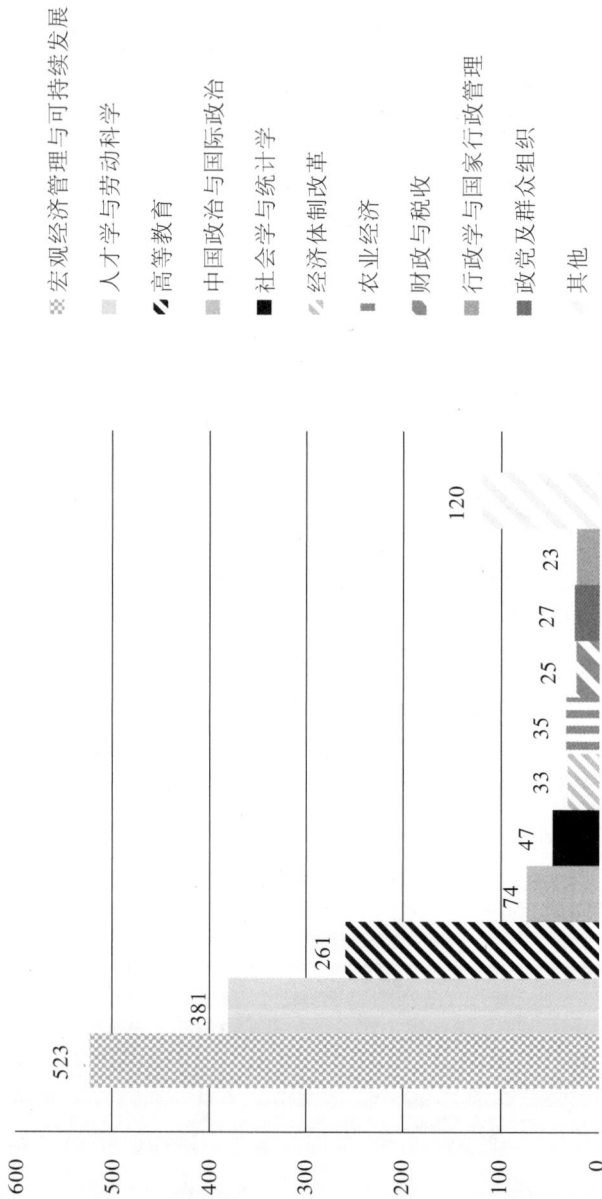

图 2-2 就业政策涉及学科数量分布

题。而 CiteSpace 通过两两统计一组关键词在文献中共现的次数，测度了它们之间的亲疏关系，很好地辨析了学科研究的热点内容、主题分布和演化，从而可以捕捉到当下的研究热点。因此，本节通过前文确定的样本数据，借助 CiteSpace 6.2 软件绘制了1992—2023 年关于就业政策研究的关键词共现图谱。如图 2-3 所示，图谱包含节点 279 个，连线有 372 条。

为进一步探寻关于就业政策的研究动态，接下来按照年份对高频关键词进行统计分析（频次≥7，中心性≥0），得到了高频关键词列表（见表 2-1）。其中，中介中心性的数值可以反映关键词的重要性及影响力，数值越大，关键词的中介作用就越大。从关键词的出现频次来看，除"就业""就业政策""劳动力"等一般性词语之外，"大学生""毕业生""农民工""促进就业"等也是出现频次靠前的关键词。

从表 2-1 可知，在 1994 年、1995 年、1999 年、2000 年、2003 年、2005 年出现的关键词较多，每年均有 3~4 个关键词出现，而 2013 年以后没有新的关键词出现。根据不同年份关键词出现的情况，本研究将 1992—2023 年的就业政策研究历程划分为以下 4 个阶段。

1. 第一阶段（1992—1998 年）

此阶段出现了较多的关键词，并且这些关键词的中心性较强。在这一阶段，社会主义市场经济逐步建立，国有企业改革也在进行中，"铁饭碗"制度被废除，城镇地区大规模的工人下岗，失业工人的安置问题需要得到解决，国家也通过职业培训来增强他们的再就业能力。此外，由于粮票制度的废除，农民开始大规模转移到城市就业，"农民工"时代开始。因此，在这样的时代背景下，"职业培训""充分就业""劳动力"以及"农民工"等词汇成为就业政策研究的热点。

图 2-3　1992—2023 年国内就业政策研究关键词共现图谱

表2-1 1992—2023年就业政策研究领域的关键词中心性排序列表

年份	关键词	频次	中心性	年份	关键词	频次	中心性
1994	就业政策	215	0.30	2002	劳动保障	9	0.07
1994	失业率	14	0.29	2003	大学生	43	0.05
1994	职业培训	11	0.21	2003	就业率	7	0.05
1994	充分就业	7	0.18	2003	弱势群体	7	0.31
1995	劳动力	16	0.08	2003	政策选择	7	0.03
1995	失业者	15	0.03	2005	政策	20	0.01
1995	第三产业	7	0.16	2005	高校	9	0.08
1998	农民工	15	0.38	2005	再就业	8	0.03
1999	毕业生	22	0.07	2005	长效机制	7	0.01
1999	失业	18	0.21	2006	对策	8	0.09
1999	就业形势	17	0.03	2007	残疾人	15	0.38
2000	就业	67	0.34	2007	美国	7	0.41
2000	欧盟	10	0.25	2009	基层就业	11	0.05
2000	劳动就业	9	0.50	2011	政策工具	8	0.01
2000	社会政策	7	0.01	2013	就业质量	13	0.01
2002	促进就业	20	0.23				

2.第二阶段（1999—2005年）

此阶段出现的关键词依旧比较多，中心性同样很强。1999年，教育部宣布大幅度扩大高等教育招生规模，且当年全国高校扩招48%，全国普通高校招生规模从1998年的108万人扩大到159万人。2000年，国家全面停止高校毕业生包分配制度。因此，"毕业生""大学生""就业形势""就业率"成为这一阶段就业政策研究领域的核心主题。此外，在该阶段学者们开始将研究对象拓展到国外，如针对欧盟就业政策的研究，以便为制定国内就业政策提供参考。

3. 第三阶段（2006—2013年）

在此阶段，就业政策研究领域的关键词较少，但仍有"政策工具""就业质量"等成为新兴热点。

4. 第四阶段（2014年至今）

在该阶段，没有明显的新兴热点出现，就业政策的研究仍然集中在常见的议题上。

（二）关键词突现分析

通过对关键词进行突现分析，我们可以了解不同时间段就业政策研究的前沿领域，进而预测未来就业政策研究的发展趋势。本研究利用CiteSpace 6.2软件的突变检测功能得到了9个主要的突变词：失业者、失业率、职业培训、劳动保障、失业、政策、金融危机、基层就业和就业质量（如图2-4所示）。其中，"失业率"从1994年开始突现，"失业者"从1995年开始突现，"失业"从1999年开始突现，这3个词在2004年结束。此时期正值20世纪90年代末的下岗潮时期，国有企业和集体企业共裁减了超过6 000万名职工。因此，"失业者""失业率""失业"自然而然成为世纪之交就业政策研究的热点领域。由此衍生出来的解决失业问题的策略，如"职业培训"，也成为就业政策研究的热点。学者们着眼于我国实际情况，探讨解决失业问题的方针政策。

2002—2010年，劳动者权益逐渐受到关注和保护，我国相继出台了《中华人民共和国劳动合同法》（以下简称《劳动合同法》）、《中华人民共和国就业促进法》（以下简称《就业促进

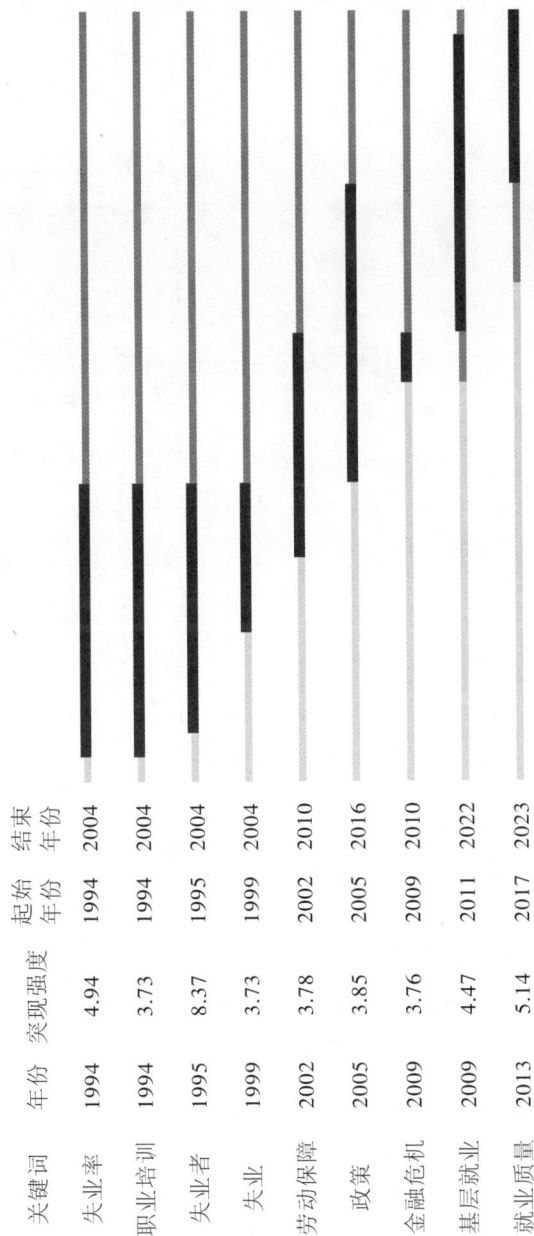

关键词	年份	突现强度	起始年份	结束年份
失业率	1994	4.94	1994	2004
职业培训	1994	3.73	1994	2004
失业者	1995	8.37	1995	2004
失业	1999	3.73	1999	2004
劳动保障	2002	3.78	2002	2010
政策	2005	3.85	2005	2016
金融危机	2009	3.76	2009	2010
基层就业	2009	4.47	2011	2022
就业质量	2013	5.14	2017	2023

图2-4 1993—2023年就业政策研究的突现关键词

法》）等法律和法规。因此，"劳动保障"成为当时就业政策研究的热点，学者们普遍从宏观层面对如何促进立法保障劳动者的合法权益进行理论探讨，但缺乏实证研究方面的考察。此外，2008 年美国次贷危机爆发，引发了全球新一轮的金融危机。因此，2009—2010 年，"金融危机"成为就业政策研究的热点。学者们从各个角度探讨了全球金融危机给我国就业带来的影响，以及我国如何应对全球金融危机的负面影响，以实现就业稳定。自从党的十八大以来，随着全面建成小康社会和乡村振兴战略的推进，"基层就业"成为 2011—2022 年就业政策研究的热点主题。然而，学者们的研究对象主要集中于高校毕业生，对其他群体基层就业的研究较少。党的十九大报告指出，"我国经济已由高速增长阶段转向高质量发展阶段"。党的二十大报告进一步强调"高质量发展是全面建设社会主义现代化国家的首要任务"。因此，学者们也开始从关注就业数量转变为更加关注就业质量，"就业质量"顺势成为 2017 年至今就业政策研究的热点主题。在研究方法方面，学者们多采用实证研究。但是，值得注意的是，这些研究仍然集中在高校毕业生的就业质量上，对农村劳动力等其他群体就业质量的研究较少。

（三）关键词聚类分析

通过 CiteSpace 的聚类功能，我们可以将关联紧密的关键词进行分类，以观察和探讨当前某一特定技术或学科研究领域所形成的研究类团。通过 CiteSpace 将样本集中的所有关键词进行主题归类，有助于进一步研究和分析关键词之间的逻辑结构。本研究在关键词共现分析的基础上对国内学者在就业政策研究领域的关键词进行聚类分析，得到了就业政策研究关键词共现聚类图谱（如图 2-5 所示）。通过这一聚类图谱，我们可以进一步明确该领域的主要研究主题。经过筛选，我们发现聚类成员个数大于等于

图2-5 就业政策研究关键词共现聚类图谱

10的有效聚类共有13个。这些聚类包括就业政策、隐性失业、大学生、职业培训、就业、农民工、劳动保障、劳动力、促进就业、再就业、毕业生、欧盟和人力资本。在对这些聚类主题进行分析后，本研究将它们分为4类。其中，第一类关注政策的受益主体，包括大学生、农民工、毕业生和劳动力这4个关键词；第二类关注政策的最终目标，包括就业、促进就业、隐性失业和再就业这4个关键词；第三类关注政策的实施途径，包括职业培训、人力资本和劳动保障这3个关键词；第四类关注国外政策的借鉴，只有一个关键词，即欧盟。由于"就业政策"这一关键词为所有研究主题共有，故不再单独归类。

三、研究主题分析

（一）关注政策的受益主体

就业政策的受益主体一直是一个备受关注的话题。国内学术界对就业政策的研究范围较广，涵盖了一般劳动力以及细分的受益人群，如大学生、农民工、残疾人、老年人和妇女等。然而，目前对残疾人和妇女等单一受益主体的研究较少，并且该研究通常被包含在其他主要受益主体的研究中。因此，本研究将重点比较阐述针对大学生和农村劳动力这两类主体的研究现状。

在就业政策研究领域，最受学者们关注的受益主体是大学生。在本研究抽取的1 013份核心文献数据中，以大学生就业政策为研究主题的就有284份，而提及大学生或毕业生就业政策的文献更是高达520份。自1999年高校扩招以来，我国大学毕业生人数不断增加，大学生就业难问题日益突出，引起了社会的广泛关注。1992—2023年，由于大学生群体的特殊性，大学生就业问题成为就业政策研究领域最热门的研究方向之一。目前，对大学生就业政策的研究已相对成熟，研究内容涉及各个方面，方法也不尽相同，且在不断更新中。比如，在就业政策变迁历程研究方面，钟云华和刘姗（2021）①基于对1949—2020年政策文本的分析，系统梳理了中华人民共和国成立以来高校毕业生基层就业政策变迁的逻辑与发展理路。在就业政策变迁动因研究方面，姚佳胜和董红莲（2021）②以师范生为例，将大学生就业政策变迁的动因归纳为以管理体制改革为驱动的政策动力机制和以社会发展需要为主旨的政策目标取向。在就业政策变迁效果研究方面，赵建国和么晓敏（2013）③利用DEA研究框架分析了1999—2008年中国大学生就业扶持政策的相对有效性，解读了大学生就业扶持政策在解决大学生就业方面的效率变化。

根据第七次全国人口普查数据，我国农村地区人口占到36.1%。中华人民共和国成立初期，这一比例高达90%。农村地区人口众多，农村劳动力的就业问题牵涉到国家经济发展和社会稳定。因此，研究农村劳动力就业政策也成为就业政策研究中不可或缺的重要组成部分。目前，关于农村劳动力就业政策历程的研究是热点，成果丰富，内容成熟。孙中伟和刘林平（2018）④、张琛和孔祥智（2022）⑤等从不同角度对我国过去的农村劳动力就业政策进行了梳理和总结。然而，在农村劳动力就

① 钟云华，刘姗. 新中国成立以来高校毕业生基层就业政策变迁逻辑与发展理路——基于1949—2020年政策文本的分析 [J]. 高校教育管理，2021，14（2）：114-124.

② 姚佳胜，董红莲. 我国百年师范生就业政策的演进逻辑与理性选择 [J]. 当代教育论坛，2021（1）：1-9.

③ 赵建国，么晓敏. 大学生就业扶持政策的有效性分析及改进：基于DEA方法的实证分析 [J]. 数学的实践与认识，2013，43（11）：1-11.

④ 孙中伟，刘林平. 中国农民工问题与研究四十年：从"剩余劳动力"到"城市新移民" [J]. 学术月刊，2018，50（11）：54-67.

⑤ 张琛，孔祥智. 农村劳动力流动的演变历程、趋势与政策建议 [J]. 中国特色社会主义研究，2022（3）：31-38.

业政策动因研究方面，本研究暂未发现相关研究成果。在就业政策效果研究方面，相关成果较少。纪韶（2010）[①]对改革开放以来农民工就业政策的社会效应进行了评估，但并没有涉及市场经济效应以及政治影响等方面，且只是进行了理论分析，并没有进行实证考察。王霆和刘玉（2021）[②]运用文本挖掘法对2015—2020年18项促进农民工就业的政策进行高频词提取，构建PMC指数模型对农民工就业政策进行量化评价，研究结论的客观性强，但没有涉及从中华人民共和国成立至2014年的就业政策。总体而言，虽然农村劳动力就业政策的研究成果较多，但仍有较大的研究空间，尤其是在就业政策变迁的动因和效果方面。

（二）关注政策的最终目标

党的二十大报告指出："就业是最基本的民生。强化就业优先政策，健全就业促进机制，促进高质量充分就业。"可见，国家颁布就业政策的初衷和最终目标就在于促进就业，从而保障国民经济的平稳运行。因此，诸如像促进就业、再就业以及隐性失业等对就业政策最终目标的关注就成为一部分学者的研究主题。他们关注当下的就业形势，通过理论或实证分析表达自己对目前就业政策的思考，从而为后续就业政策的修订或出台建言献策。

杨宜勇（2002）[③]早在2002年就践行了这一点。他针对当时下岗职工再就业这一问题，结合当时中国国情和国际市场经验，提出了6条促进就业的建议。

---

① 纪韶. 改革开放以来的中国农民工就业政策社会效应评估研究 [J]. 经济与管理研究，2010（10）：89-95.
② 王霆，刘玉. 农民工就业政策量化评价 [J]. 华南农业大学学报（社会科学版），2021，20（1）：71-83.
③ 杨宜勇. 从战略高度制定促进就业政策措施 [J]. 中国经贸导刊，2002（19）：25-26.

随后，蔺艳芳（2004）[①]、董克用（2007）[②]、宋静宜（2010）[③]等都对当时的就业形势和就业政策进行了分析，这对当时就业促进政策的制定具有重要借鉴意义。

除了定性分析，近年来，学者们更加偏向于采用实证分析，研究对象也进一步具体，就业政策研究的实践性更强。比如，殷俊和李晓鹤（2015）[④]通过实证分析首次阐述了信息不对称问题对就业政策的负面影响。李锐和熊晓涵（2020）[⑤]对2008年世界银行调查数据和2014—2015年追踪调查数据进行了实证研究，分析了就业政策对就业信心的影响，建议政府更加重视帮助失业者建立就业信心，激发失业者积极主动地寻求工作，以实现稳定就业。

（三）关注政策的实施途径

就业政策的制定是为了实现促进就业的最终目标，因此如何实施这些政策就成为一个重要问题。目前学术界重点关注的就业政策实施途径包括职业培训、人力资本和劳动保障。

1.职业培训

为了更清晰地梳理职业培训领域的研究脉络，本研究对目前

① 蔺艳芳. 我国近期就业政策选择的重点 [J]. 经济经纬，2004（5）：19-21.

② 董克用. 就业问题的公共政策思考 [J]. 中国就业，2007（3）：47-49.

③ 宋静宜. 选准着力点促进稳定和扩大就业 [J]. 东岳论丛，2010，31（1）：167-170.

④ 殷俊，李晓鹤. 促进就业政策的评价体系重构与实证分析 [J]. 吉林大学社会科学学报，2015，55（6）：25-33；171.

⑤ 李锐，熊晓涵. 积极就业政策如何影响就业信心？——基于世界银行调查数据的实证研究 [J]. 中南财经政法大学学报，2020（1）：46-57；159.

仅针对农村劳动力进行的职业培训研究进行了总结，重点包括影响因素、培训模式和存在问题。

（1）影响因素

赵丽华（2009）[①]将影响农民工职业培训的因素总结为经费、法律、体制与观念方面。

王超和陈晓君（2009）[②]认为，尽管政府已经出台了一系列优惠政策，并且返乡农民工自身具备工作经验和技能基础，拥有参加职业培训的时间和精力，然而，由于部分农民工的文化水平较低，他们不完全相信职业培训的作用，加之培训经费和培训覆盖面的限制，目前培训的效果并不十分显著。

（2）培训模式

项继发等（2009）[③]提出了基地化培训模式，即以基地为载体，整合国家农业高新产业示范区的资源优势，高效地对返乡农民工进行职业技能培训。

娄玉花和徐公义（2013）[④]提出了新生代农民工职业培训模式，包括全日制能力本位的项目化教育培训和业余网络远程教育培训等。

（3）存在问题

张太宇等（2022）[⑤]通过分析新生代农民工职业培训现状发

---

① 赵丽华. 返乡农民工职业技能培训的影响因素及对策 [J]. 职业技术教育，2009，30（28）：67-70.

② 王超，陈晓君. 城镇化与返乡农民工职业培训的有利因素与障碍性分析 [J]. 成人教育，2009，29（10）：42-43.

③ 项继发，程伟，陈遇春. 返乡农民工职业技能培训新形态——基于国家农业高新技术产业示范区为依托的基地化培训模式初探 [J]. 继续教育研究，2009（11）：64-66.

④ 娄玉花，徐公义. 开展新生代农民工教育和培训模式的研究 [J]. 中国职业技术教育，2013（30）：77-80.

⑤ 张太宇，蔡银平，邢永亮. 新生代农民工高质量职业培训的路径探析 [J]. 职业技术教育，2022，43（9）：55-58.

现，该领域存在职业培训需求调研不充分、培训资源整合不理想、工学矛盾突出和制度宣传落实不到位等问题。

蒋文宁和陈振中（2023）[1]指出，订单式新型职业农民培训面临的困境主要包括乡村企业与学校合作开展职业培训的热情不高、农民文化素质比较低、参加职业培训动力不足等方面。

2.人力资本

袁志刚和宋京（2000）[2]通过对发达市场经济国家就业形势的研究，认为引进优秀人才是促进就业结构转变、推动知识经济发展的良策。

孙家良和严后乐（2003）[3]提出，大力发展各种类型的教育，延长青少年受教育年限，加强人力资本积累，对减轻就业压力具有重要意义，并建议国家从教育方面着手制定相关就业政策。

李迎果（2012）[4]认为，相较于物质、货币等硬性资本，人力资本具有更大的增值潜力。劳动力市场应该将重点从保障失业者的生活目标转向充分开发和利用劳动力资源。也就是说，人力资本政策能解决失业率和职位空缺之间的矛盾。

张然和曹华青（2016）[5]立足供给侧结构性改革的时代背景，总结出了灵活保障就业政策的特征，主张通过终身学习来提

---

① 蒋文宁，陈振中. 乡村振兴背景下订单式新型职业农民培训的新探索［J］. 成人教育，2023，43（7）：45-51.

② 袁志刚，宋京. 知识经济与就业变动——来自发达市场经济国家的研究及启示［J］. 世界经济文汇，2000（4）：2-6.

③ 孙家良，严后乐. 对劳动就业的一些理论思考［J］. 商业研究，2003（3）：65-67.

④ 李迎果. 西方近现代就业理论对我国高校毕业生就业政策的启示［J］. 思想战线，2012，38（2）：147-148.

⑤ 张然，曹华青. 供给侧结构性改革需要灵活保障的就业政策［J］. 经济与管理，2016，30（3）：64-66.

升人力资本。

丁守海等（2018）①指出，中国目前处于跨越"中等收入陷阱"的关键时期，需要通过消费和人力资本的两轮驱动来促进产业升级。消费从需求端拉动，而人力资本从供给端提供支持，为产业升级作出贡献。然而，低质量的就业同时会削弱这两种驱动力，因此，必须重构以提升就业质量为目的、以积极就业政策为核心的政策体系。

李启平和张宏如（2022）②主张通过增加人力资本积累、激励市场主体加大人力资本投资、为人力资本积累提供基础性制度保障等措施来促进中国劳动力就业质量的协调发展。

3.劳动保障

劳动保障方面的研究成果主要集中在 21 世纪初，特别是2008 年后以劳动保障为主题的就业政策研究核心论文仅有 1 篇。

张彦丽和王峰（2006）③立足构建社会主义和谐社会的全新思想，分析了烟台市落实就业政策的实施与成效，并给出了建议，指出烟台市在落实就业困难群体援助责任、建立社会救助补充制度方面取得了重大进展，主张继续推行社会救助补充制度，重点帮扶困难群体就业。

徐德明（2007）④主张进一步完善具有中国特色的积极就业政策、法律和法规，最大限度地保障职工就业权益的实现；建立

---

① 丁守海，吴迪，张鹤. 跨越中等收入陷阱迫需提升就业质量 [J]. 教学与研究，2018（7）：22-32.

② 李启平，张宏如. 新技术-经济范式下就业量质协调发展的挑战及对策研究 [J]. 湘潭大学学报（哲学社会科学版），2022，46（5）：42-45；58.

③ 张彦丽，王峰. 充分就业：构筑和谐社会的基石——烟台市落实就业政策的实践与思考 [J]. 求实，2006（S1）：198-199.

④ 徐德明. 维护职工劳动保障权益：问题及对策 [J]. 中国党政干部论坛，2007（3）：12-15.

和完善收入分配政策法规，确保职工共享经济发展成果；抓紧建设独立于企事业单位之外的社会保障体系，有效化解职工的社会风险；健全社会救助体系，更好地为困难职工提供及时有效的帮扶。

张艳萍（2009）①探讨了全球金融危机对中国就业与社会保障的联动影响，并提出了应对策略：以就业为主，由积极的就业政策调整为更加积极的点面结合的就业循环支持政策，开辟就业循环通道和网络；以社会保险为辅，由强化社保政策调整为完善社会保险、服务就业与民生的弹性政策。

孙萍和刘梦（2017）②采用内容分析方法，建立了一个关于我国城镇弱势群体就业政策文本的量化分析框架，并针对弱势群体就业政策的制定提出了相关建议。

（四）关注国外政策的借鉴

在全球化浪潮的影响下，世界逐渐成为一个紧密相联的整体，各国之间相互依存、相互影响。在学术研究领域，拥有全球视野变得越来越重要。因此，许多学者将研究的焦点转向国外，他们希望通过对欧盟、美国和日本等国家的就业政策进行研究，从中获得启示，来指导本国的就业政策制定。

杨雪（2003）③对欧盟及其成员的失业预防和激励政策进行系统分析，重点探讨了主要进展和改革，但不足之处在于未能将其与我国的就业政策建立联系。

---

① 张艳萍. 金融危机对就业与社会保障的联动影响及其策略 [J]. 学术交流，2009（6）：157-159.

② 孙萍，刘梦. 我国城镇弱势群体就业政策工具选择——基于政策文本的分析 [J]. 东北大学学报（社会科学版），2017，19（6）：595-601；615.

③ 杨雪. 欧盟对失业采取的预防和激励政策分析 [J]. 人口学刊，2003（4）：15-19.

许小平和董英（2007）[①]探讨了欧盟当时所面临的就业形势及中小企业就业政策的特点，认为中小企业数量众多是欧盟解决就业问题的重要工具，并从中小企业的角度为中国大规模农村剩余劳动力转移形势下所面临的就业压力给出了建议。

吴立保和张斌（2011）[②]根据希金斯的分析结构，从需求、供给和供求匹配3个角度审视了日本和美国促进大学生就业的政策措施，并总结了其对我国制定大学生就业促进政策的借鉴意义。

近年来的研究趋势表明，国内学者对国外就业政策的研究逐渐减少，而更多关注与本国就业政策相关的实践性研究。例如，宁国良和李雪芹（2013）[③]通过比较研究，探讨了欧盟和日本的性别平等就业政策，以期为我国完善就业政策提供借鉴。于艳芳和杨岚（2017）[④]立足于欧盟劳动力市场一体化经验，提出了加强京津冀政府间协作、推进法治化建设以及改革京津冀社会保障制度的差异性，实施京津冀共同就业战略等一系列策略，以促进京津冀劳动力市场的一体化。

四、研究结论与展望

（一）研究结论

本节运用CiteSpace 6.2可视化软件对1993—2023年学术界关

① 许小平，董英. 欧盟中小企业的就业政策及其对中国的启示 [J]. 兰州大学学报（社会科学版），2007（6）：147-151.

② 吴立保，张斌. 日本和美国大学生就业促进政策及其启示 [J]. 教育发展研究，2011，31（9）：49-54.

③ 宁国良，李雪芹. 欧盟与日本性别平等就业政策的比较研究 [J]. 湖南大学学报（社会科学版），2013，27（5）：106-110.

④ 于艳芳，杨岚. 基于欧盟经验的京津冀劳动力市场一体化对策研究 [J]. 经济研究参考，2017（28）：18-21.

于就业政策研究的核心文献进行梳理，分析就业政策领域的研究概况，总结归纳相关研究热点和主题，具体结论如下：

一方面，从1992年至今，关于就业政策的研究经历了30多年的发展，取得了丰硕成果，尤其是在2009年，就业政策研究达到了顶峰。这些研究涉及经济学、管理学、教育学、政治学、社会学等多个学科门类，主要围绕政策受益主体、政策最终目标、政策实施途径、国外政策借鉴等主题而展开。

另一方面，对政策受益主体的关注度高低不一，存在追求热门主题的现象，对大学生的研究较多，而对其他政策受益主体的研究较少。然而，社会发展对于各个主题的研究需求是全面的。

此外，在研究政策的最终目标和实施途径时，各主题之间的关联性不强，缺乏比较系统的理论框架。近年来国外就业政策研究的发文量也逐渐减少。

（二）未来展望

就业政策的制定对促进就业甚至社会稳定起着举足轻重的作用。为了深入研究和推进就业政策，未来研究可以从以下几个方面进行探讨：

首先，在研究内容方面，学者们需要关注目前研究较少的就业政策领域，如农村劳动力就业政策。此外，学者们需要加强对农村劳动力、残疾人、妇女等政策受益主体的关注，以弥补当前研究的空白和薄弱之处，从而形成一个比较系统的理论框架。

其次，在研究方法方面，尽管学术界对就业政策采用了定性和定量的方法，但在某些研究成果中，要么偏向实证研究，要么偏向理论研究，存在一定的缺陷。因此，未来的研究应采用理论联系实际的方法，注重实证研究与理论研究的结合，实现工具理性与价值理性、历史与逻辑的统一。

最后，在就业政策研究中，学者们不仅需要对前人的研究成果进行系统的总结和归纳，还需深入挖掘就业政策文本内容背后的价值意义，并进行实地考察，以发现真实的社会需求，最终实现促进就业的政策目标。

第二节 国外研究现状

古今中外，就业问题一直以来都被视为非常重要的问题。人们渴望找到稳定的工作来维持生计和提高生活质量，国家也一直在努力制定政策来促进就业机会增加，并提升劳动力的技能水平。在全球范围内，就业问题是政府、企业和个人共同关注的焦点，因为就业既关乎个人生计，也关系到整个社会的稳定和繁荣。20世纪30年代，为了使美国走出经济危机并解决民众的就业问题，罗斯福就任总统后通过直接救济、以工代赈以及社会保障立法等就业政策，大大缓解了美国的就业压力，并刺激了经济复苏。在20世纪70年代，面对滞胀危机，英国首相撒切尔夫人进行了"铁腕"改革，推行国有企业私有化、精简公务员队伍、下调税率等措施。尽管以减少就业为代价，但是这些措施最终挽救了英国的经济。几百年来，就业政策不仅是中国政府和学者们所关心的话题，也是世界各国学术界争论的焦点。本研究将以国际视野为重点，深入探讨国外学者对就业政策的研究。通过深入了解国外学者对就业政策的观点和研究，本研究旨在扩展对这一领域的认识；从而获得更全面的视角。本研究以"employment policy"为检索词，通过"中国知网外文资源总库——CNKI Scholar"

进行文献检索，共得到 SSCI 期刊来源文献 117 篇。以下将通过对这些文献的梳理，探讨目前国外关于就业政策的研究现状。

一、基于不同国别的研究

在广袤的世界中，不同国家的学者对就业政策进行了深入研究，并都提出了各自独特的观点。在本研究检索到的 117 篇 SSCI 期刊文献中，欧盟、美国、日本等国家和地区的学者对就业政策的研究显得尤为突出和典型。接下来，本研究将对这些国家和地区的学者对于就业政策的研究进行简要概述，以便更好地理解各国对于就业政策的关注和应对措施。

首先，欧盟各国在国外就业政策研究中占据主要位置。在 117 篇 SSCI 期刊来源的文献中，有 52 篇来自欧盟地区学者的研究。例如，在政策变迁动因研究方面，Delfani（2013）[①]分析了丹麦、荷兰和瑞典在两个不同年份的劳动力市场政策，以探讨"里斯本战略"在不同政治环境中的影响。研究发现，这些国家的政府并没有同等重视所有建议和指导方针，特别是那些符合在任政党意识形态偏好的建议和指导方针。在政策比较研究方面，Aurich-Beerheide 等（2015）[②]基于德国和意大利这两个国家截然不同的地方激活政策案例，对"更高水平的利益相关者参与政策过程是否会带来更大的政策整合"这一问题进行了探讨。在讨论就业政策与经济发展之间的关系方面，Bolton 等

---

① DELFANI N. Experts versus politicians：The role of partisan ideology in European Union employment policy ［J］. Comparative European Politics，2013，11（1）：70-92.

② AURICH-BEERHEIDE P，CATALANO S L，GRAZIANO P R，et al. Stakeholder participation and policy integration in local social and employment policies：Germany and Italy compared ［J］. Journal of European Social Policy，2015，25（4）：379-392.

（2016）①运用现实主义的文献分析方法，从道德经济的角度审视欧洲的就业政策，将 Polanyi 和 Sayer 的工作结合起来，通过一个多层次的概念透镜，探讨了劳动力商品化与人类需求之间的紧张关系，进一步论证了国家就业政策推动社会繁荣的现实路径。

其次，美国、日本等西方国家的学者对本国的就业政策发表了自己的观点。在就业政策选择方面，Bowring（2018）②认为除了制度因素外，20世纪60年代美国的就业政策还受到意识形态的边界条件的限制，约翰逊政府的政策制定者顺应了美国自由主义传统的一些方面，这些传统限制了政策选择以及执行政策的效率和效力。在研究就业政策效应时，Michaelides 和 Mueser（2020）③基于对大衰退期间4个项目的分析，考察了美国再就业政策的劳动力市场效应。Garin（2019）④以及 Ståhl 和 MacEachen（2020）⑤探讨了疫情蔓延对美国社会经济的影响，并试图寻找长期的稳定就业解决方案。在稳定就业方面，日本学者 Song

---

① BOLTON S，LAASER K，MCGUIRE D. Quality work and the moral economy of European employment policy［J］. JCMS：Journal of Common Market Studies，2016，54（3）：583-598.

② BOWRING A M. The ideological boundary condition on great society employment policy［J］. Journal of Policy History，2018，30（4）：657-694.

③ MICHAELIDES M，MUESER P. The labor market effects of US reemployment policy：Lessons from an analysis of four programs during the great recession［J］. Journal of Labor Economics，2020，38（4）：1099-1140.

④ GARIN A. Putting America to work，where？ Evidence on the effectiveness of infrastructure construction as a locally targeted employment policy［J］. Journal of Urban Economics，2019，111（C）：108-131.

⑤ STÅHL C，MACEACHEN E. Universal basic income as a policy response to COVID - 19 and precarious employment：Potential impacts on rehabilitation and return-to-work［J］. Journal of Occupational Rehabilitation，2021，31（1）：3-6.

（2018）^①对20世纪90年代初资产泡沫崩溃后日本青年就业和劳动力市场状况的恶化以及政府为解决这些问题所作的政策努力进行分析后指出，政府推出各种政策工具来帮助年轻人，并将政策重点转向促进增长和工业竞争力的人力资本开发，这将有利于振兴日本的经济。

二、基于不同政策受益主体的研究

在青年工人权益方面，Chabanet（2014）^②对欧洲青年政策的演变进行了概述，揭示了青年失业率高的现实，并分析了应采取的就业措施。Pascual和Martín（2017）^③讨论了西班牙青年就业能力计划所推动的工作个人化进程以及工人参照类别的重新定义，并根据一项关于就业咨询和职业指导的研究，进一步讨论了一些工作心理化进程，以帮助增强塞维利亚、马德里和巴伦西亚这3个西班牙城市失业人员的就业能力。在妇女权益方面，Zartaloudis（2015）^④考察了1995—2009年欧洲就业战略（EES）

---

① SONG J. Young people, precarious work, and the development of youth employment policies in Japan ［J］. Japanese Journal of Political Science, 2018, 19（3）: 444-460.

② CHABANET D. Between youth policy and employment policy: The rise, limits and ambiguities of a corporatist system of youth representation within the EU ［J］. JCMS: Journal of Common Market Studies, 2014, 52（3）: 479-494.

③ SERRANO PASCUAL A, MARTÍN MARTÍN P. From "employability" to "entrepreneuriality" in Spain: Youth in the spotlight in times of crisis ［J］. Journal of Youth Studies, 2017, 20（7）: 798-821.

④ ZARTALOUDIS S. Money, empowerment and neglect – The Europeanization of gender equality promotion in Greek and Portuguese employment policies ［J］. Social Policy & Administration, 2015, 49（4）: 530-547.

对希腊和葡萄牙在促进性别平等方面的就业政策（分别为 GEP 和 PEP）的影响，结果表明，EES 构成了就业政策中支持性别平等改革的关键驱动力。Rubery 等（2016）①认为灵活就业政策存在多重隐性成本，比如：灵活就业者主要从事低生产率的工作；低薪就业会缩小财政基础；一次性劳动力模式会破坏长期生产力。Kochan（2013）②分析了美国就业危机及其对未来就业政策的影响，主张政府要更加关注妇女、劳工等群体的权益。在老年人权益方面，Colley（2014）③通过对澳大利亚国家公共服务的研究，确定了公共就业政策变化与劳动力年龄结构变化之间的联系，认为当前的就业政策用更开放的公共部门劳动市场取代了传统的以青年为招聘重点的劳动市场，使得公共部门劳动力的老龄化以及比一般劳动市场更老成为不可避免的事实，并提出对老龄化公共劳动力的政策响应需要超越人口学解释，接受老龄化的公共劳动力作为新常态，并据此调整公共就业政策。Sonnet 等（2014）④总结了法国、荷兰、挪威和瑞士自 2006 年以来为老年人提供更好的工作激励和工作选择的政策举措，并提出应从供给侧和需求侧两个方面为老年人开辟更多的工作领域。

---

① RUBERY J, KEIZER A, GRIMSHAW D. Flexibility bites back：The multiple and hidden costs of flexible employment policies [J]. Human Resource Management Journal，2016，26（3）：235-251.

② KOCHAN T A. The American jobs crisis and its implication for the future of employment policy：A call for a new jobs compact [J]. ILR Review，2013，66（2）：291-314.

③ COLLEY L. Understanding ageing public sector workforces：Demographic challenge or a consequence of public employment policy design？[J]. Public Management Review，2014，16（7）：1030-1052.

④ SONNET A, OLSEN H, MANFREDI T. Towards more inclusive ageing and employment policies：The lessons from France，the Netherlands，Norway and Switzerland [J]. De Economist，2014，162（4）：315-339.

三、基于不同研究方法的研究

国外学者在就业政策研究方面主要采用理论分析和实证研究两种方法。

在理论分析方面，Sherraden（1985）[①]提出了一个概念框架，该框架通过确定广泛的就业政策选择，辨析失业的类型、确定就业政策中的公共和私人作用等，以帮助社会工作者了解各种就业政策选择及其影响，从而促进社会工作教育的进程。Whiteside（2021）[②]则运用惯例理论对近几十年来英国的就业政策进行了考察，以解释政府为何以及如何寻求构建劳动力市场运作，并分析了现行就业法赖以建立的公共政策的基本原理及其不足之处，揭示了当前对"传统"或"常规"工作合同的理解是如何形成的，以及为什么"按需工作"被理解为"非常规"，即作为既定就业规范的一种偏离形式。

在实证研究方面，Zimmermann等（2014）[③]在借鉴关于激活政策组织的3个定性案例（涉及德国、意大利和英国这3个不同福利国家）研究结果的基础上，构建了一个关于激活方面的市场化调控的理论框架，并根据该框架分析了这3个实证案例。研究结果表明，市场化干预的调控（即市场化的类型、外包决策和购买者-提供者分离）与地方行为者对这些措施的自由裁量权之间

① SHERRADEN M W. Employment policy: A conceptual framework [J]. Journal of Social Work Education, 1985, 21 (2): 5-14.

② WHITESIDE N. Before the gig economy: UK employment policy and the casual labour question [J]. Industrial Law Journal, 2021, 50 (4): 610-635.

③ ZIMMERMANN K, AURICH P, GRAZIANO P R, et al. Local worlds of marketization - Employment policies in Germany, Italy and the UK compared [J]. Social Policy & Administration, 2014, 48 (2): 127-148.

存在联系，政策制定的地方情境及实现市场化的适宜性和意愿将影响地方自由裁量权的使用。Blasco 和 Pertold-Gebicka（2013）[①]对积极的劳动力市场政策计划如何影响企业的招聘策略以及企业绩效进行了研究。基于2005—2006年在丹麦进行的一项大规模实验，他们发现进行社会实验的地区的小企业改变了雇佣惯例。

四、小结

本节对国外就业政策研究文献进行了归纳概括，较为全面地呈现了国外关于就业政策的研究现状。通过比较不同国家的政策实施及效果，我们可以发现，尽管每个国家的经济环境、社会文化和政策目标存在差异，但它们都面临着相似的挑战，即如何创造更多就业机会、提高劳动生产率和促进经济增长。国外学者的研究不仅提供了宝贵的政策借鉴经验，还为我们提供了一个多维度分析就业政策的框架，从而更深刻地理解就业政策与经济发展之间的复杂关系。尽管国际学术界就就业政策的研究呈现出多样化的态势，但由于政治制度和社会经济条件的差异，国内学者与国外学者在就业政策研究方面存在较大差异。国内学者关注的重点主要是大学生、农村劳动力等，而国外学者几乎没有提及这些群体，这可能源于不同国家之间的政治、经济、社会环境和文化等方面差异。因此，在制定和实施符合本国特点和需求的就业政策时，本研究需要充分理解国内外就业政策研究的差异，并采取有效的方法和策略，促进劳动力市场的稳定发展。

① BLASCO S, PERTOLD-GEBICKA B. Employment policies, hiring practices and firm performance [J]. Labour Economics, 2013, 25 (0): 12-24.

总体而言，国外学者就就业政策的研究呈现出多样化的态势，但对大学生、农村劳动力等主体的就业政策研究较少。而国内学者主要关注大学生、农民工、残疾人等多个受益主体，并采用了多种研究方法，如定性分析、实证研究等。然而，国内学者对大学生的研究较多，对农村劳动力等其他政策受益主体的研究较少。此外，在农村劳动力的就业政策研究方面，对政策变迁历程的研究较多，但对变迁动因和效果的研究尚不充分。

第三节　相关概念界定

一、农村劳动力

劳动力指的是人的劳动能力，即人在劳动过程中所运用的体力和智力的总和。在现代劳动经济学中，劳动力特指在一定年龄范围内，具备劳动能力并且愿意从事付酬的市场性劳动的全部人口，而没有就业意愿或就业需求的人口不属于劳动力范畴。①根据《中华人民共和国劳动法》（以下简称《劳动法》）、《劳动合同法》、《就业促进法》以及相关法律和法规的规定，法定劳动年龄是指年满16周岁至退休年龄。退休年龄则一般是指男60周岁、女干部55周岁、女工人50周岁。然而，农业生产与非农业生产存在差异，许多农民年龄超过60周岁仍从事农业生产，而未满16周岁的农村青年也会从事一些力所能及的劳动。因此，本书

---

① 杨河清．劳动经济学［M］．5版．北京：中国人民大学出版社，2018．

按照国际惯例，将15~64周岁作为劳动年龄人口的统计口径，并将农村劳动力界定为15~64周岁（在读学生除外）的有劳动能力且户籍在农村的中国居民，他们既可以在农村从事农业生产，也可以从事除农业以外的其他行业。

二、农村劳动力就业

农村劳动力就业是指农村地区的劳动年龄人口通过从事不同类型的劳动来获取工资或收入。这种就业形式既包括在农业领域的就业，也包括在非农领域的就业，且可采取全职或兼职的工作模式。农村就业形态大致可被分为农村内农业就业、农村内非农就业以及外出城市就业，还有一类是返乡创业，这种现象反映了农村经济多元化和劳动力市场的变化趋势。其中，农村内非农就业指的是农村劳动力在除了第一产业（农、林、牧、渔业）之外的第二和第三产业从事生产劳动。具体而言，这些就业岗位涉及工业、建筑业、餐饮业、交通运输业、批发零售贸易业等行业。此外，本书的返乡创业是指农村劳动力放弃在城市从事非农工作，利用在城市工作期间积累的物质资本、人力资本以及先进的生产管理经验，返回农村从事农村电商、乡村旅游等经营活动。

三、农村剩余劳动力

传统的"农村剩余劳动力"一词源于经济学中的"劳动力过剩"理论，特指边际生产率为零或接近零的劳动力，即指如果从总就业者撤出一部分劳动者而不会使总产量减少，那么被撤出的劳动者就是剩余劳动力。具体到农村，这一概念主要是指因土地有限、农业生产效率提高（如机械化农业的引入）等原因而无法在当地农业部门得到充分就业的劳动力。如果这部分劳动力不能在非农业部门找到就业机会，就会形成未被充分利用的"剩余"。随着经济发展和城乡差距的扩大，许多发展中国家和地区的农村存在剩余劳动力的现象变得尤为突出。这不仅涉及经济学领域，也关联到社会学、人口学和区域发展等多个研究领域。综合而言，本书认为农村剩余劳动力是指在一定的农业生产条件下，未能转移至非农领域就业的农村劳动力。

四、农村劳动力就业政策

本书所参考的农村劳动力就业政策比较广泛，主要包括以下方面：

一是参考了从中华人民共和国成立到2024年4月国家所发布的与农村劳动力就业有关的重大会议文件，如《中共中央关于建立社会主义市场经济体制若干问题的决定》。

二是参考了从中华人民共和国成立到2024年4月由最高国家权力机关（全国人民代表大会）、最高国家行政机关（国务院）及其所属部门，各省、自治区、直辖市行政机关以及某些法定机关所制发的公告，如2014年9月国务院发布的《国务院关于进一步做好为农民工服务工作的意见》。

三是参考了从中华人民共和国成立到2024年4月国家制定的与农村劳动力就业有关的法律、行政法规、地方性法规和规章，如《劳动法》《劳动合同法》等。

第四节　理论基础

一、人力资本理论

（一）人力资本理论概述

20世纪60年代，美国学者西奥多·舒尔茨和加里·贝克尔首次提出了后来在劳动经济学中占据重要地位的人力资本理论。该理论认为，人力资本与人的自由联系在一起，不随产品交易而流动，通过人力投资形成。在劳动力就业方面，舒尔茨认为劳动力转移是改善人力资本状况的重要投资，也是追求更大经济收益的行为决策。劳动力转移的目的在于通过改善环境寻求更好的机会，使个人的投入得到更丰厚的回报，这种回报可以体现在经济收入的提高或生活环境质量的改善方面。人力资本水平的提升会促使劳动力从农业部门向非农业部门转移。因此，人力资本水平对于农村劳动力的非农就业具有显著影响。此外，舒尔茨和贝克尔指出，在经济增长中，人力资本的作用大于物质资本的作用。人力资本投资与国民收入成正比，比物质资源增长速度快。同时，人力资本水平的提升会促使劳动力从农业部门向非农业部门转移。因此，人力资本水平对于农村劳动力的非农就业具有积极影响。

（二）人力资本理论在农村劳动力就业政策研究中的应用

人力资本理论较好地解释了劳动者自身素质对转移就业的影响。在农村劳动力转移过程中，人力资本影响着劳动者的就业、收入状况和转移意愿等。目前，人力资本理论也是学者们分析农村劳动力就业问题时的重要理论工具之一。

张恂（2017）[①]指出，由于农村人力资本投入不足，农村劳动力在转移就业方面面临困境，主要表现为低素质劳动力更难以实现转移就业，而农村高素质的劳动力也不愿回到农村。因此，要通过加大对农村人力资本的投入、增加人力资本的回报来解决农村劳动力在转移就业上的困境。

吕莉敏和马建富（2015）[②]指出，农村人力资本的水平与农村经济发展和农民收入增长密切相关，教育培训作为提升人力资本的重要途径应该受到高度重视。中华人民共和国成立以来，在就业政策方面，国家一直注重完善农村基础设施，大力开展农村劳动力职业培训，力求改善人力资本状态，提高人力资本水平。这体现了人力资本理论对农村劳动力就业政策制定的重要影响。

二、二元经济结构理论

（一）刘易斯的两部门农村劳动力转移模型

二元经济结构理论由英国经济学家刘易斯提出。在《劳动力

---

① 张恂. 基于人力资本理论的我国农村劳动力迁移探讨 [J]. 商业经济研究，2017（12）：105-107.
② 吕莉敏，马建富. 基于人力资本理论的新型职业农民培育研究 [J]. 职教论坛，2015（16）：20-25.

无限供给条件下的经济发展》一文中，刘易斯提出二元经济模型，也称"两部门模型"（Dual Sector Model）。该模型将国民经济分为"非资本主义部门"（以农业为主的传统部门）和"资本主义部门"（以工业为主的现代部门）。传统部门劳动力向现代部门转移的过程包括两个阶段：

第一阶段，是传统部门劳动力的无限供给阶段（如图2-6所示）。OW为现代部门提供的工资水平，在既定的工资水平下，尽管工业部门的扩张促使劳动的需求由D_1D_1（K_1）增大到D_3D_3（K_3），但劳动力的供给WS一直是完全富有弹性的，直到剩余劳动力被吸收完毕。

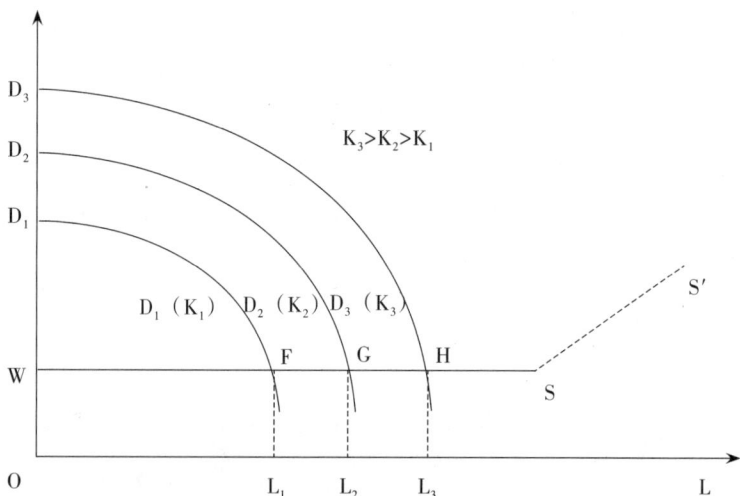

图2-6 刘易斯农村劳动力转移性就业模型

第二阶段，是传统部门的剩余劳动力被吸收完毕之后劳动变成稀缺要素的阶段。这时如果现代部门仍想进一步扩张，就必须靠提高工资水平来与传统部门展开竞争。此时劳动力供给曲线向上倾斜，如图2-6中虚线SS′所示，S点代表的是剩余劳动力被吸收完毕的点，即刘易斯拐点。

刘易斯的两部门农村劳动力转移模型揭示了农业与工业之间的相互关系，以及劳动力在不同产业部门之间流动和转移的机理。这为本研究解释农村劳动力就业和农村剩余劳动力问题提供了理论框架。

（二）费景汉–拉尼斯模型

费景汉–拉尼斯模型（Fei-Ranis Model）是经济学家费景汉（Dr. John C. H. Fei）和古斯塔夫·拉尼斯（Gustav Ranis）在刘易斯模型基础上进一步发展而来的。该模型特别关注发展中经济体中传统部门（农业部门）与现代部门（非农业部门，如制造业或服务业部门）之间的相互作用，以及劳动力如何从传统部门转移到现代部门并促进整体经济增长的过程。传统农业部门存在剩余劳动力，意味着一部分劳动力可以转移到非农业部门而不影响农业产出。随着非农业部门的扩大和对劳动力需求的增加，剩余劳动力逐渐转移至非农业部门。初期非农业部门的工资较高，随着劳动力转移，两部门的工资差距逐渐缩小，直至消失。

该模型提供了关于农村劳动力就业政策制定的几个重要启示：

首先，政策应支持非农业部门的发展，提供适当的经济和财政激励措施，以刺激该部门的增长和对劳动力的需求。例如，政府可以为小型和中型企业提供税收减免或资金补贴。

其次，提高农业生产效率对于释放剩余劳动力至关重要。相关政策包括提供农业技术培训、引入先进的农业机械以及优化农业供应链管理。

再次，为确保从农业部门转移出来的劳动力能够有效地在非农业部门就业，政策制定者需要重视技能培训和教育。政府可以设立职业培训中心，提供与非农业部门相关的技术和职业教育。

最后，为促进劳动力从农业向非农业部门的流动，政策应减少劳动力流动的障碍。这包括提供更好的基础设施，如住房、交通和卫生设施，并确保劳动法律为劳动者提供保护，使他们能够自由地迁移到新的就业机会所在地。

（三）乔根森模型

乔根森模型（Jorgenson Model）是由经济学家戴尔·乔根森（Dale Jorgenson）提出的一种分析生产率、技术进步和经济增长之间关系的模型。该模型特别强调资本形成、劳动力和技术之间相互作用对经济增长的影响。在农村劳动力就业政策的研究与应用中，乔根森模型提供了深刻的洞察，有助于了解农村经济增长和劳动力效率提升的机制。乔根森模型特别关注资本投入和技术进步对生产率增长的作用。该模型通过分析资本投入、劳动力投入和技术水平等要素在生产过程中的相互作用，并评估它们对产出的贡献，综合考虑了不同要素对产出的影响。乔根森模型在农村劳动力就业领域中的应用主要集中在以下几个方面：通过提高农业生产效率、推动技术创新、增加资本投入和提升劳动力技能等，促进农村经济的发展。这样的政策不仅有助于增加农村地区的就业机会，也能促进整个经济体的长期健康发展。

三、产业结构理论

（一）配第-克拉克定理

根据配第-克拉克定理，经济发展中就业人口在不同产业中的分布结构会发生变化。克拉克通过计算20个国家各产业部门的劳动投入和总产出的时间数据，得出了以下结论：随着经济发展，第一产业的就业人口比重不断下降，而第二产业和第三产业的就业人口比重不断上升。在产业结构方面，随着地区经济的进一步发展，不同产业的比重呈现正三角—橄榄球—倒三角的变化趋势。配第认为，制造业相比农业有更高的收入，而商业比制造业的收入更高。他指出，这种相对"收入差"会促使劳动力向收入更高的部门转移。

这一理论可以通过对国家经济发展的时间序列分析进行验证，也可以通过对处于不同发展水平的不同国家在同一时间点上的横截面进行比较得到类似结论。换言之，在人均国民收入水平高的国家，农业劳动力在整体劳动力中的比例较小，而第二、第三产业的劳动力比例较大；反之，在人均国民收入水平低的国家，农业劳动力比例较大，而第二、第三产业的劳动力比例较小。

（二）库兹涅茨的产业结构理论

库兹涅茨基于克拉克的研究成果，对伴随经济发展的产业结构变化进行了继承性研究。他对国民收入和劳动力在三次产业分布与变化趋势之间的关系进行探究，并得出以下结论：

首先，农业部门实现的国民收入相对比重和劳动力在全部劳动力中的相对比重都在不断下降。然而，农业的国民收入相对比重下降的幅度超过劳动力相对比重的下降幅度。由此可见，在大多数国家，农业劳动力的减少趋势仍将持续下去。此外，在大多数国家，农业部门相对于工业部门和服务部门而言，其相对国民收入较低，而相对劳动力比重较高。

其次，工业部门国民收入相对比重呈上升趋势，而劳动力的相对比重大体保持不变。从横向比较来看，国民收入相对比重上升是各国的普遍现象。尽管不同国家的工业化水平导致劳动力相对比重存在差异，但综合来看变化并不明显。

最后，服务部门的劳动力相对比重在几乎所有国家都呈上升趋势，而国民收入的相对比重略微上升。时间序列分析显示，服务部门相对国民收入和比较劳动生产率通常呈下降趋势。在服务部门中，教育、科研和政府部门的劳动力相对比重增长最快。第三产业的产值比重也将成为最大的，服务业将吸纳最多的劳动力。

（三）筱原三代平的"两条基准"理论

基准理论，即收入弹性基准和生产率上升率基准，是日本经济学家筱原三代平于1957年提出的两个规划产业结构的基本准则。

收入弹性基准是指以需求收入弹性的高低为选择战略产业的基准。不同产业具有不同的收入弹性，这表示不同产业的市场容量潜力不同。只有具有较高收入弹性的产业才能持续扩大市场份额，这类产业通常代表着结构变动的方向。

生产率上升率基准源于比较优势理论，假设不同技术进步速度导致各产业部门生产率提高速度不同。在价格结构固定的情况下，技术进步较快、生产率上升率较高的产业，由于成本不断降低，能够创造更多国民收入，因此，优先配置资源于这类产业可以加快国民收入增长速度。

战略产业应满足两个基准。因此，要使贫困变富裕，就必须积极发展非农业部门。

总体而言，农村劳动力就业政策的发展变化应根据产业结构调整和未来发展趋势灵活制定，以实现农村劳动力的平稳转移和优化就业结构。从产业结构理论的角度出发，农村劳动力就业政策应鼓励和引导农村劳动力在非农产业就业，积极开展技能培训和教育，并推动城乡融合发展。

四、制度变迁理论

（一）制度变迁理论概述

制度变迁理论是由美国经济学家道格拉斯·诺斯提出的。在20世纪70年代前后，随着长期经济史研究的巨大推动，解释经济增长的研究逐渐引入制度因素。诺斯认为，制度是为了约束在谋求财富或个人利益最大化过程中的个体行为而制定的一组规章、程序和道德准则。换言之，制度是一种博弈规则，通过人为设计来约束人们之间的互动关系。制度变迁实质上是指制度不断进行创新和替代的过程，也就是制度由非均衡状态向均衡状态转化的过程。制度变迁涵盖了正式制度和非正式制度的变化，而正式制度的变迁通常是从非正式制度的"边际"变迁开始。为了理解制度变迁，诺斯运用了"理性人"假设、成本收益分析方法以及新古典均衡分析方法，强调制度变迁的必要条件是预期收益大于预期成本，并构建了新古典模型的制度变迁理论。

（二）制度变迁理论与农村劳动力就业政策变迁之间的联系

制度变迁理论关注的是，社会制度如何随着时间的推移逐渐演进以适应环境的变化，这为农村劳动力就业政策提供了重要的启示。根据制度变迁理论，农村劳动力就业政策应当考虑以下几个方面：

第一，在长期发展的视角下，政策制定者应该考虑经济、社会和环境的可持续性。这意味着就业政策需要预测未来劳动市场的需求变化，为农村劳动力的转型和升级打下基础。

第二，政策制定者应该注重制度的适应性和灵活性。在外部环境发生变化时，就业政策需要具备足够的适应性和灵活性，以便及时应对新的挑战和机遇。因此，政策制定者需要不断评估政策效果，并根据反馈进行调整。

第三，制度变迁强调各方利益相关者的参与，包括农村劳动力、企业、政府和非政府组织。在政策制定过程中，政府应广泛听取不同群体的意见，以确保既符合国家宏观调控的需求，又能照顾到农村劳动力的具体需求。

五、政策工具理论

（一）政策工具理论概况

政策工具（policy instrument）也被称为政府工具或治理工具。尽管政策工具理论最早可以追溯到20世纪60年代荷兰经济学家科臣（E. S. Kirschen）对工具识别和分类的研究，但政策工具真正受到学术界的重视是在20世纪70年代后期。随着全球经济一体化的加剧和信息技术的飞速发展，政策实施情况变得日益复杂，人们对"政策失灵很大程度上与政策工具相关"的认识也逐渐加深，这使得学术界对政策工具的研究兴趣大增。而西方对福利国家失败和政府工作低效的检讨，以及随之而来的"新公共管理"运动，更使政策工具受到越来越多的关注。[1]学者们主张通过引入市场机制、变革政府流程等手段来提高政府效率，因此政府"政策工具箱"的使用和政府管理手段的创新成为公共管理学和政策科学研究领域的焦点。

---

[1] 陈振明，等. 政府工具导论 [M]. 北京：北京大学出版社，2009.

（二）政策工具理论在农村劳动力就业政策研究上的应用

政策工具理论提供了一个用于理解和评估政府如何通过不同途径和手段实现政策目标的框架。

在农村劳动力就业政策研究方面，该理论可以帮助决策者鉴别有效的政策工具，以增加就业机会、提升劳动力技能和推动农村经济发展。

在经济激励政策方面，政府可以通过提供税收优惠来激励在农村地区投资或提供就业机会的企业，通过补贴的方式降低农村劳动力培训机构的运营成本或在农村创业的成本，以促进就业。

在法规制度方面，政府可以针对农村地区的特殊需求制定特别条例，如鼓励农业和乡村旅游相关产业的发展，以创造更多就业机会。

总的来说，政策工具理论为农村劳动力就业政策的研究和应用提供了多种角度和途径。通过综合运用经济、法律、服务和适度的权力行使手段，政府可以有效促进农村地区的就业，提升劳动力素质，并推动农村经济的全面发展。

六、政策评估理论

（一）政策评估理论概述

政策评估是指根据一定的标准和程序来评判政策的效益、效率和价值。其目的在于获取相关信息，以作为决定政策变革、改进和制定新政策的依据。根据评估组织活动的形式，政策评估可被分为正式评估和非正式评估；根据评估机构的地位，政策评估可被分为内部评估和外部评估；根据评估在政策过程中所处的阶段，政策评估可被分为事前评估、执行评估和事后评估；根据政策文本来源的类型，政策评估可被分为公共政策评估和非公共政策评估。本书涉及的是一种典型的公共政策评估，即就业政策效应评估。当前，我国已进入经济社会高质量发展阶段，公共政策体系建设的重点已从解决政策的存在性转向更加关注政策的质量。因此，政策评估的作用受到前所未有的重视，推进科学化、制度化、专业化的公共政策评估研究正逢其时。①

（二）政策评估的主要方法

目前主要的公共政策评估方法包括实证评估法、量化评价法、案例分析法和描述分析法等。

1.实证评估法

实证评估法是一种基于观察和试验所得的大量事实和数据，利用统计推断的理论和技术对政策效应进行评估，并经过严格的经验检验的方法。它引入数量模型，通过对社会现象的数量分析，揭示不同现象之间的本质联系。在对就业政策进行评估时，实证评估法强调获取政策发布后的就业数据变化，如就业人数和收入水平等，并利用统计方法对这些数据进行处理，探讨政策实施与就业变化之间的关系。

2.量化评价法

量化评价法则要求从政策文本本身出发，设计评价指标，并建立相应的量化评价模型，通过评价模型计算出的数值来评判政策的优劣。

---

① 贠杰. 公共政策评估的制度基础与基本范式 [J]. 管理世界，2023，39（1）：128-138.

3.案例分析法

案例分析法要求将在公共政策实施过程中具有代表性的地区、企业、人群等作为研究对象，通过实地调查和深度访谈等方式深入收集案例背景和资料，并进行分析和比较，得出评估结果。案例分析法可以采用一个或多个案例，也可以进行案例内分析或交叉比较分析。

4.描述分析法

描述分析法是一种典型的定性分析方法。它通过对政策的描述来说明政策主体已经采取或正在采取的行动，以了解政策的实际信息，并分析政策所带来的影响。描述分析法能够直观地比较政策实施前后的变化，因此在评估中发挥着不可或缺的作用。

通过实证评估法、量化评价法、案例分析法和描述分析法等，我们能够更全面、严谨地评估各种政策的实施效果。这些方法相互补充，使评估结果更加准确可靠。在实际应用中，我们可以根据具体情况选择合适的方法或结合多种方法进行评估，以获得更全面的评价结果。

第三章 我国农村劳动力就业政策
变迁的历程分析

　　基于对政策文件的初步分析，本研究将现代化产业体系建设进程中我国农村劳动力就业政策变迁的历程划分为中华人民共和国成立初期（1949—1956年）、社会主义建设探索时期（1957—1978年）、改革开放初期（1979—1992年）、社会主义市场经济体制确立初期（1993—2012年）和中国特色社会主义新时代（2013年至今）5个阶段，并通过对每个阶段就业政策的背景、就业政策的目标以及就业政策变迁的关键节点与主要内容进行分析，全面呈现我国农村劳动力就业政策变迁的基本情况。

第一节　中华人民共和国成立初期（1949—1956 年）限制农村劳动力盲目流动

一、就业政策的背景

1949 年 10 月 1 日，中华人民共和国的成立奠定了我国产业发展和农村建设的良好政治和经济基础。这一历史时刻标志着中国产业发展进入全新篇章，具有里程碑式意义。在中华人民共和国成立初期，农村劳动力数量众多，就业形势严峻，亟待党和政府采取强有力的政策措施。

（一）农村劳动力过剩

中华人民共和国成立之初，在广大农村地区，劳动力供过于求的问题普遍存在，亟须解决。根据 1952 年的国家统计数据，全国总人口为 54 391 万人，其中城市人口占 11.8%，城乡就业人口占总人口的 51.4%；工人总数为 1 198 万人（其中 1/4 在农村），占总人口的 2.2%；农业劳动者人数为 24 164 万人，占总人口的 44.4%，占就业人口的 86.4%，农业就业人口是工业和手工业就业人口的 20 倍。[①]

尽管全国在 1952 年完成了土地改革，从而显著减少了农村中的失业和无业劳动力人数，但农村地区的人口众多、土地有限的问题并未得到解决，仍然存在大量的剩余劳动力。随着国民经济

---

① 武力，李光田. 论建国初期的劳动力市场及国家的调控措施［J］. 中国经济史研究，1994（4）：15-26.

和农业生产的逐渐恢复，加上人口快速增长，妇女也逐渐参与到生产中，加入了农村劳动力队伍。另外，具备返乡条件的城市失业和无业人口也被动员回乡就业，导致剩余劳动力进一步增加。这样大量存在的农村剩余劳动力为之后其盲目涌向城市埋下了隐患。

（二）城乡差距开始显现

从 1953 年起，国家正式展开大规模经济建设，由此引发了农产品供不应求的矛盾，进而出现了粮食价格的剧烈波动。经过权衡，1953 年 10 月，中共中央作出了关于对粮食实行"统购统销"的决定。紧接着，油料的统购和食用油的统销政策也相继实施，1954 年又实行了棉花和棉布的"统购统销"。这一系列的"统购统销"政策保障了城市居民的基本生活需求，为工业化建设作出了重要贡献。然而，这些政策也带来了新的问题。由于工农产品之间存在巨大的价格差异，农民和城镇居民之间的生活差距不断扩大。因此，越来越多的农民渴望离开农村进入城市务工；再加上当时未实施严格的人口迁移管制，一部分农村劳动力涌入城市，希望在城市参与工业生产。

二、就业政策的目标

政策目标是政策执行预期可以达到的目的、要求和结果，不仅是政策的基本条件，也是政策执行的前提。具体的政策目标是政策评估的基础，也是执行者可遵循的明确指令。为了更好地对中国农村劳动力就业发展的脉络进行梳理，也为后续的政策效果评估提供依据，本研究将对现代化产业体系建设进程中我国在各个时期制定的就业政策目标进行分析。鉴于政策文本的数量和篇幅庞大，在研究过程中，本研究借助了质性分析软件 NVivo 12，利用其自由节点和树节点功能进行编码。为减少研究者的主观偏见，本研究在挖掘初始概念时尽量基于原始语句，并通过合并同义项、剔除重复项和归类化处理得到政策目标。此外，由于一项就业政策所涉及的社会领域广泛，会触及经济、政治、法律、社会民生等多个方面，因此本研究总结出的均为特征最明显、最能反映时代特色的政策目标。

1949—1956年，我国在中国共产党的领导下有步骤地实现从新民主主义到社会主义的转变，迅速恢复了国民经济并开展了有计划的经济建设，在全国绝大部分地区基本上完成了对生产资料私有制的社会主义改造。然而，土地改革的完成使农村的劳动力剩余问题显现出来；国家的工业化建设需要大量工人参与，但制度的欠缺导致农村劳动力开始大规模地盲目流动。通过运用质性分析软件 NVivo 12 对这一时期的农村劳动力就业政策进行编码，结果发现，有效吸纳农村剩余劳动力、限制农村劳动力盲目流动以及支持国家经济建设是该时期就业政策的主要目标（见表3-1）。

三、就业政策变迁的关键节点与主要内容

中华人民共和国成立后，中国的政治、经济、社会和文化等进入了全新的发展阶段。在这一过程中，党和政府开始逐步规范农村劳动力就业政策。中华人民共和国成立初期，大量农民涌入城市，导致城镇劳动力就业压力加大。在这种情况下，进城人口的饮食、就业和住房等问题都难以得到解决，社会治安亦面临着前所未有的压力，进而威胁到社会的稳定。为了缓解这一局势，国家开始调整农村劳动力就业政策，并相继推出控制人口流动的政策，以限制农民盲目涌入城市。

表3-1　　　　1949—1956年农村劳动力就业政策目标

文件名称	政策原始文本材料（部分参考点）	初始概念	政策目标
《中央人民政府政务院关于劳动就业问题的决定》（1952年7月25日）	中央人民政府政务院为了迎接即将开始的大规模的国家建设，全面解决各种失业人员的就业问题，逐步消灭失业半失业现象，有计划地把城乡大量的剩余劳动力充分应用到生产事业及其他社会事业中来	迎接大规模的国家建设	支持国家经济建设
	从根本打算，必须有计划有步骤地向东北、西北和西南地区移民，在不破坏水土保持及不妨害畜牧业发展的条件下，进行垦荒，扩大耕地面积	安排农村劳动力移民垦荒	有效吸纳农村剩余劳动力
《中国共产党中央委员会关于发展农业生产合作社的决议》（1953年12月16日）	几年来各地的农业生产合作社在这些方面所做的工作……显出了农民联合起来集体经营的优越性，并使得一部分剩余劳动力得到了适当的出路	开展农业合作化运动	

续表

文件名称	政策原始文本材料 （部分参考点）	初始概念	政策目标
《中央人民政府内务部 劳动部关于继续贯彻"劝止农民盲目流入城市"的指示》（1954年3月12日）	各地必须领导农民积极从事农业生产，多想增产办法，通过精耕细作、改进生产技术、整修土地、改良土壤、兴修水利、植树造林等项工作，来解决农村的剩余劳动力问题	引导农民积极参加农业生产	有效吸纳农村剩余劳动力
	各地应立即结合布置春耕工作，采取各种方式，将政务院关于劝止农民盲目流入城市的指示，再向农民进行广泛深入的宣传解释	限制农民盲目流入城市	限制农村劳动力盲目流动
	各厂、矿、建筑等用人单位如确实需要向农村招用人员时，须报经当地劳动行政部门，进行有组织有计划的介绍和调配，不得私自到农村招收工人	限制用人单位私自招用农村劳动力	
《中华人民共和国国务院关于建立经常户口登记制度的指示》（1955年6月22日）	1953年的人口调查登记工作，已为建立经常的户口登记制度奠立了基础，目前这一制度在大部分地区已经开始建立，或者进行了必要的部署	建立户口登记制度	

（一）农村剩余劳动力的转化

针对农村的剩余劳动力，1952年7月，政务院通过了《中央人民政府政务院关于劳动就业问题的决定》，给出了明确解决办法。该决定指出，农村中的剩余劳动力与城市的失业半失业人员存在明显差异。农民虽然有饭吃、有土地种，但大量潜在劳动力还没有得到充分发挥，因此有必要积极采取措施，使他们能够在生产中发挥作用。基于以上考虑，国家提出了一系列解决方案：

第一，为了进一步发展农村经济，我国必须有计划地向东北、西北和西南地区进行人口迁移，同时保证不破坏水土保持和畜牧业发展的条件，进行垦荒，扩大耕地面积。

第二，我国应大力发展小型水利，将旱地改造成水地，改良种子，提高耕作技术和单位面积产量的水平。

第三，对于人口密集地区存在的废弃土地，如沙地、碱地和红土地，经过验证，这些土地是可以利用的，因此我国应组织农村剩余劳动力对这些废弃土地进行开发和利用。

此外，1952年7月，全国劳动就业会议制定的《关于解决农村剩余劳动力问题的方针和办法（草案）》明确指出：农村剩余劳动力应靠发展多种经营，就地吸收转化，防止其盲目流入城市，增加城市的负担。

（二）限制性政策的陆续出台

1954年3月，《中央人民政府内务部 劳动部关于继续贯彻"劝止农民盲目流入城市"的指示》发布，解释和说明了之前发布指示后出现的问题，并再次劝止农民盲目进入城市。该指示强调城市建设仍处于起步阶段，需求人力不多，建筑工人已供过于求。同时，对城市招工行为作出规定，各单位如确实需要从农村招用人员，必须报经当地劳动行政部门，进行有组织、有计划的介绍和调配，不得私自到农村招收工人。

1953年4月，政务院发布《关于劝止农民盲目流入城市的指示》。该指示是国家为了维护社会稳定、支持国家工业化建设和推行社会主义改造而出台的限制性政策。该指示明确要求县、区、乡政府只能为有企业正式文件证明其为预约工或合同工的农民出具介绍证件，并要求各地人民政府劳动部门及民政部门会同工会和其他有关机关动员那些已进城但非施工单位需要的农民回乡。同时，城市建筑工程单位应详细计划工程设计、开工日期、用人和工种数量，并通知当地建筑工程管理机关和劳动部门，以有计划、有组织地调配和调剂劳动力。该指示还明确规定未经劳动部门许可或介绍者不得私自到乡村招收工人。

在1953年和1954年政府出台了限制性措施之后，虽然农村劳动力的盲目外流情况得到了一定程度的缓解，但效果只是短期的，农村人口大规模迁移的现象仍然比较严重。为了应对这一问题，国家又陆续发布了一系列文件，如1956年的《国务院关于防止农村人口盲目外流的指示》等。随着农村劳动力向城市转移就业的情况不断加剧，国家对人口流动的限制措施也变得越来越严格。

（三）中国户籍制度的诞生

自1953年开始，国家开始计划建立普遍的农村户口登记制度，以解决国内农村人口的盲目流动问题。当时政务院推行了全国人口调查登记，并建立了简单的人口登记制度，奠定了建立经常的户口登记制度的基础。不过，这个时候还远远没有达到限制人口流动的效果。因此，在1955年6月，《中华人民共和国国务院关于建立经常户口登记制度的指示》发布。该指示将经常性的户口登记工作推向全国，并对常住户口的迁入和迁出工作进行了明确规定。例如，在迁出方面，指示规定：全户或个人变动常住所时，应在迁出前按照以下规定办理：在原乡、镇地区内变动常住所，应向乡、镇人民委员会报告，并进行住所变更的登记，无须办理迁出手续；迁出原乡、镇地区但不出县境，应前往乡、镇人民委员会领取迁移证，并由乡、镇人民委员会登记迁出；迁出县境，应向乡、镇人民委员会或由乡、镇人民委员会介绍到上一级户口主管机关领取迁移证，并由乡、镇人民委员会登记迁出。外出超过6个月的人应办理迁出手续。未改变地主成分的人迁出，必须经区公所或县人民委员会批准；被剥夺政治权利、监外执行、缓刑、假释和被管制的人迁出，必须经过县、市司法机关或公安机关的批准，然后按照以上规定办理迁出手续。

由此，户口的迁出和迁入有了明确的规定，户口登记制度逐步建立和完善起来。

第二节 社会主义建设探索时期（1957—1978年）促使农村劳动力回流

一、就业政策的背景

在经历国民经济恢复、社会主义改造以及实施"一五"计划等一系列重大历史事件之后，中国工业生产迅速增长，形成了独立自主的工业体系雏形，奠定了社会主义工业化的初步基础。[1]

---

① 国家统计局. 系列报告之十二：从一穷二白到现代工业体系的历史跨越 [EB/OL]. (2009-09-21) [2024-02-12]. https://www.stats.gov.cn/zt_18555/ztfx/qzxzgcl60zn/202303/t20230301_1920391.html.

在此背景下，1958年5月，中国共产党第八次全国代表大会第二次会议正式制定了社会主义建设总路线：鼓足干劲、力争上游、多快好省地建设社会主义。同年8月，中共中央政治局在北戴河会议上作出关于在农村建立人民公社问题的决议。随后，"大跃进"和人民公社化运动开始，大量农民流入城市，大量公社企业得以兴办，从而导致农村劳动力严重不足。据统计，到1959年年底，小型公社企业数量达到70多万个，职工达到1 800万人。[①]同时，1959—1961年连续发生的自然灾害导致粮食产量锐减，中国面临严重的经济困难和全国性饥荒。为了摆脱经济困境和恢复农业生产，国家从1960年开始相继将大批劳动力迁回农村从事农业生产。

二、就业政策的目标

中国历史迈入1957年后，随着社会主义"三大改造"的完成和人民公社化运动的展开，农村地区进入了生产队制度时期（1958—1984年）。在生产队制度下，农民成为生产队的社员，在队长的组织下进行集体劳动。尽管剩余劳动力问题并未完全解决，却暂时被"掩盖"起来。这一时期的政策文件并没有明确提及和解释"剩余劳动力"的概念。

这个时期是社会主义建设道路的曲折探索时期，也是我国农村劳动力就业政策发展变迁的第二阶段。通过运用质性分析软件NVivo 12对这一时期的农村劳动力就业政策进行编码，结果发现，这一历史阶段的政策目标主要包括限制农村劳动力流入城市、促使农村劳动力回流以及支持社会主义建设（见表

---

① 国家统计局. 之六：乡镇企业异军突起 [EB/OL]. （1999-09-18）[2024-02-12]. https://www.stats.gov.cn/zt_18555/ztfx/xzg50nxlfxbg/202303/t20230301_1920444.html.

3-2)。

表3-2 1957—1978年农村劳动力就业政策目标

文件名称	政策原始文本材料 （部分参考点）	初始概念	政策目标
中华人民共和国户口登记条例（1958年1月9日）	公民由农村迁往城市，必须持有城市劳动部门的录用证明，学校的录取证明，或者城市户口登记机关的准予迁入的证明，向常住地户口登记机关申请办理迁出手续	实行户口登记管理制度	
中共中央关于制止农村劳动力流动的指示（1959年2月4日）	各企业、事业、机关应该教育职工立即停止串连亲友进城找事。在农民盲目外流严重的地区必要时应在交通要道派人进行劝阻	劝阻农村劳动力流入城市	限制农村劳动力流入城市
公安部关于处理户口迁移的规定（草案）（1964年8月14日）	从农村迁往城市、集镇，从集镇迁往城市的，要严加限制。从小城市迁往大城市，从其他城市迁往北京、上海两市的，要适当限制	严格限制农村人口迁往城市	
中共中央批转国家计委党组《关于一九六一年国民经济计划控制数字的报告》（1960年9月30日）	一九六一年，工业部门一律不准从农村招人和收留自流人员，并且要挤出一批劳动力，首先是基本建设的民工、临时工和合同工，动员他们回乡生产	动员劳动力回乡	促使农村劳动力回流

文件名称	政策原始文本材料 （部分参考点）	初始概念	政策目标
中共中央关于精减职工工作若干问题的通知（1961 年 6 月28日）	这次精减的主要对象，是一九五八年一月以来参加工作的来自农村的新职工（包括临时工、合同工、学徒和正式工），使他们回到各自的家乡，参加农业生产	精减来自农村的新职工	促使农村劳动力回流
一九五六年到一九六七年全国农业发展纲要（修正草案）（1957 年 10 月25日）	城市的中、小学毕业的青年，除了能够在城市升学、就业的以外，应当积极响应国家的号召，下乡上山去参加农业生产，参加社会主义农业建设的伟大事业	知识青年"上山下乡"	支持社会主义建设
	国营农场应当实行多种经营，提高劳动力利用率 为了充分发展农业和林、牧、渔等副业以及农村手工业，努力扩大生产门路，增加社会财富和农村人民的收入，农业合作社应当提高劳动力的利用率	提高劳动力利用率	
中共中央关于全党动手，大办农业，大办粮食的指示（1960年8月10日）	必须从城乡，从公社内外，尽可能地挤出劳动力，加强农业生产，特别是加强粮食生产，保证在农忙季节参加农业生产的至少达到农村劳动力总数的百分之八十以上	加强粮食生产	

三、就业政策变迁的关键节点与主要内容

（一）城乡二元格局的形成

1958 年 1 月，全国人民代表大会常务委员会第九十一次会议通过《中华人民共和国户口登记条例》，对户口迁移作出明确规定："公民由农村迁往城市，必须持有城市劳动部门的录用证明，学校的录取证明，或者城市户口登记机关的准予迁入的证明，向常住地户口登记机关申请办理迁出手续。"更重要的是，《中华人民共和国户口登记条例》第一次明确地将城乡居民区分为"农业户口""非农业户口"，这标志着城乡户籍制度正式形成，并使得农村人口向城市流动受到严格限制。然而，在"大跃进"中，由于"劳动力不足与充分就业"的假象，大量农村劳动力再次涌入城市。为了制止这种混乱情况，1958 年 12 月，公安部提出《当前人口流动混乱情况和配合制止混乱的意见》。尽管经过整顿，农村劳动力"私自流动"已被严禁，但通过"临时工制度"农民仍然有途径进城务工。为解决这一问题，1959 年 1 月，中共中央发布了《中共中央关于立即停止招收新职工和固定临时工的通知》，要求各企业立即停止招聘新职工和固定临时工人，并严格制止私招乱挖现有职工的错误行为。国家随后又陆续发布了多项指令性文件，包括《中共中央关于制止农村劳动力流动的指示》《中共中央和国务院关于制止农村劳动力盲目外流的紧急通知》。1964 年，《公安部关于处理户口迁移的规定（草案）》再次对户口迁移作出明确规定："从农村迁往城市、集镇，从集镇迁往城市的，要严加限制。从小城市迁往大城市，从其他城市迁往北京、上海两市的，要适当限制。"随着对农村劳动力流动的限制不断加强，

大量农村劳动力被排斥在工业和城市之外，农村人口向城市自由流动的大门逐渐关闭，形成了典型的城乡二元格局。

（二）农村劳动力的回流

为修复"大跃进"和人民公社化运动对国民经济所造成的破坏，自1960年起，国家陆续将大批劳动力送回农村参与农业生产，以解决农村劳动力不足的问题，并摆脱粮食短缺的危机。1960年8月，中共中央发布了《中共中央关于全党动手，大办农业，大办粮食的指示》，对恢复农业生产作出了明确部署：坚决从各方面挤出一切可能挤出的劳动力，充实农业战线，首先是粮食生产战线；立即从县和人民公社着手，充分发动群众，从各个方面实行精减，该停办的停办，该缓办的缓办，该减人的减人，该调换的调换（以女代男，以弱代强），挤出一切可能挤出的劳动力，加强田间生产的力量。切实整顿县社工业、精减人员，一切县社工业都应当真正做到为农业生产服务；在两三年内，各行各业都不允许在计划外到农村中私自招人，应当在技术革新和革命运动、提高劳动生产率的基础上，解决增加生产和新建厂矿所需要增加的劳动力，并且节约出一部分劳动力派到农村中去。

1960年9月，中共中央批转国家计委党组《关于一九六一年国民经济计划控制数字的报告》，强调："当前农业增产的关键，是从各方面挤出劳动力和抽调干部来加强农业生产的第一线。在农忙季节，必须保证百分之八十以上的农村劳动力参加农业生产。"为了更好满足农村对劳动力的需求，1961—1963年国家相继发布了《中共中央关于精减职工工作若干问题的通知》《关于精减职工和减少城镇人口工作中几个问题的通知》《中共中央、国务院关于进一步精减职工和减少城镇人口的决定》。其中，《中共中央、国务院关于进一步精减职工和减少城镇人口的决定》强调："全国职工人数应当在一九六一年年末的四千一百七十万人的基础上，再减少一千零五十六万人至一千零七十二万人。分部门的指标为：工业减少五百万人；基本建设减少二百三十万人；交通运输邮电减少四十万人；农林减少五十万人；财贸减少八十万人；文教卫生减少六十万人；城市公用事业减少二万人；国家机关和党派团体减少九十四万人至一百一十万人。"

20世纪60年代初，中国大量城镇人口返回农村，出现了中华人民共和国成立以来的首次"逆城市化"现象。据统计，1961—1963年，城镇人口减少了2 600万人，职工减少了2 000万人，农业劳动力比例从65.75%上升至82.45%，形成了大规模劳动力由城市向农村逆向流动的局面。大量劳动力回流农村为20世纪60年代初的经济恢复工作作出了突出贡献。到1965年年初，国民经济调整任务基本完成。1973年，中央下发《关于知识青年上山下乡若干问题的试行规定草案》等文件，各地也纷纷出台"上山下乡"政策性文件。通过知识青年的"上山下乡"，大量劳动力被转移到农村，形成了独特的"亦工亦农"就业模式。1968—1977年，参与农业生产的知识青年总人数达到1 700万人。

第三节　改革开放初期（1979—1992年）农村劳动力开始转移就业

一、就业政策的背景

1978年12月，中国共产党第十一届中央委员会第三次全体会议在北京顺利召开。这次会议确立了以经济建设为中心的基本国策，作出了实行改革开放的伟大决策，是中华人民共和国成立以来党的历史上最具有深远意义的伟大转折。随后，我国开启了改革开放的序幕，开始逐步改变过去高度集中的计划经济体制。这给工业经济带来了前所未有的生机和活力，也为产业结构调整和更新打下了基础。

（一）农村经济体制改革

1978 年 11 月，安徽省凤阳县小岗村 18 户村民在一纸分田到户的"秘密契约"上按下鲜红手印，由此开创了家庭联产承包责任制的先河。在随后的 6 年中，家庭联产承包责任制逐渐推广开来。这一制度打破了传统的人民公社体制，实现了农村土地所有权和承包权的分离，赋予了农民更大的土地经营自主权。

1985—1988 年，家庭联产承包责任制得到不断完善，农村经济开始按照商品经济的模式运作，这在很大程度上促进了生产发展。

1989—1991 年，农业实现了增产，农村经济体制改革稳步推进。

此外，粮食购销体制改革取得突破，全国基本上取消了粮票和统销制度。从此，我国粮食流通改革由"双轨制"转变为"单一制"，农产品流通体制改革取得了重大进展。

改革开放以来，农村经济体制改革纠正了长期存在的管理过于集中和经营方式过于单调的问题，农民的生产积极性得到大幅提升。随着农村经济体制改革的不断深入，农民的生产积极性和劳动生产力不断增加。然而，农村劳动力剩余的问题也日益突出。如何解决剩余劳动力的就业问题，成为当时农村和农业发展的重要课题。

（二）城市经济体制改革

在农村经济体制改革进行的同时，城市经济体制改革也在如火如荼地进行中。在扩大企业自主权的基础上，城市改革开始逐步推行经济责任制。

1981 年春，山东省在企业中率先试行经济责任制改革。该改革将企业和职工的经济利益与他们所承担的责任以及创造的经济效益联系起来，有利于发挥广大职工的主人翁精神，用最少的人力、物力获得最大的经济效益。

同时，积极推进商业流通体制改革。自 1979 年起，国家重新限定了农副产品的统购和派购范围，并放宽了农副产品的购销政策，规定供销合作社基层社可以跨县、跨省进行购销，而集体所有制商业、个体商贩以及农民也可以进行长途贩运。这为加快城乡商品流转创造了有利条件。

此外，所有制结构改革也开始展开。1979 年，全国出现了知青返城大潮。为了缓解与日俱增的就业压力，党中央、国务院果断采取支持城镇集体经济和个体经济发展的方针，由此开启了以公有制经济为主体、多种经济形式并存的改革。①

（三）对外开放

随着经济体制改革的不断进行，中国对外开放步伐也在不断加快。1979 年 7 月，中共中央、国务院决定在深圳、珠海两市划出部分地区试办出口特区。1980 年 5 月，中共中央、国务院正式决定将"出口特区"改为"经济特区"。同年 8 月，第五届全国人民代表大会常务委员会第十五次会议审议批准在深圳、珠海、汕头、厦门设置经济特区，这标志着对外开放迈出

① 本书编写组. 中国共产党简史［M］. 北京：人民出版社，中共中央党校出版社，2021：234-235.

了重要的一步。经济特区实行特殊经济政策，以市场调节和外向型经济为主导，发挥了对外开放窗口和改革试验基地的作用。1984年5月，党中央、国务院在总结经济特区经验的基础上，决定进一步开放沿海地区的14个港口城市。这些城市包括大连、秦皇岛、天津、烟台、青岛、连云港、南通、上海、宁波、温州、福州、广州、湛江和北海。这一决定进一步推动了对外开放的步伐。1985年2月，中共中央、国务院提出沿海地区经济发展战略，旨在发展外向型经济，抓住机遇走向国际市场，进一步加快对外开放。由于对外开放的推动，开放城市以及周边地区的工业迅速发展，劳动力需求不断增加，跨区域的农村剩余劳动力迁移开始出现。

二、就业政策的目标

改革开放之后的14年，是我国农村劳动力就业政策发展变迁的第三个阶段。在这一时期，家庭联产承包制度取代了人民公社制度，农民开始分户经营和承包土地。这促进了农村生产力的发展，但也使长期"隐藏"的农村剩余劳动力问题再次浮出水面。与此同时，中国的改革开放步伐不断加快，城市经济的发展也带来了大量的劳动力需求。因此，根据产业结构理论，农村劳动力向农村非农产业和城市转移成为必然。

通过运用质性分析软件NVivo 12对这一历史时期的农村劳动力就业政策进行编码，结果发现，这一时期的政策目标主要围绕如何有效控制农村劳动力转移、促进农村劳动力本地就业以及关注农村劳动力就业能力与权益展开（见表3-3至表3-5和图3-1）。需要指出的是，在20世纪80年代之后，由于国家在涉及农村劳动力就业政策方面的文本内容变得更加丰富，同时信息技术的发展使得更多的历史资料得以保存下来，因此，本研究在对政策目标进行提炼时增设了一级编码，以更完善地展示政策目标所触及的深度和广度。

表3-3   1979—1992年农村劳动力就业政策目标（一）

文件名称	政策原始文本材料 （部分参考点）	初始 概念	初始 范畴	政策 目标
《国务院关于严格控制农村劳动力进城做工和农业人口转为非农业人口的通知》（1981年12月30日）	要采取有效措施，严格控制农村劳动力进城做工和农业人口转为非农业人口	控制农村劳动力进城做工	限制农村劳动力盲目流动	有效控制农村劳动力转移
《民政部、公安部关于进一步做好控制民工盲目外流的通知》（1989年4月10日）	各地人民政府要坚决贯彻国务院办公厅关于严格控制民工盲目外出的紧急通知精神，采取有效措施严格控制当地民工盲目外出	控制农民工盲目外出务工		
《劳动部、国务院贫困地区经济开发领导小组关于加强贫困地区劳动力资源开发工作的通知》（1988年7月15日）	充分利用贫困地区丰富的劳动力资源，组织劳务输出，投资省，见效快，既能治穷致富，又能推动智力开发	组织劳务输出	实施有组织的劳务输出	

续表

文件名称	政策原始文本材料 （部分参考点）	初始 概念	初始 范畴	政策 目标
《国务院关于做好劳动就业工作的通知》（1990年4月27日）	劳动服务公司是从我国实际情况出发创办起来的，以安置待业人员为主要目的，进行生产自救的集体所有制社会经济组织，是城镇扩大就业安置的一条重要渠道	办好劳动服务公司	实施有组织的劳务输出	有效控制农村劳动力转移
	对农村劳动力进城务工，要运用法律、行政、经济的手段和搞好宣传教育，实行有效控制，严格管理	对农村劳动力进城务工做好规划		

表3-4　　1979—1992年农村劳动力就业政策目标（二）

文件名称	政策原始文本材料 （部分参考点）	初始 概念	初始 范畴	政策 目标
《国务院关于严格控制农村劳动力进城做工和农业人口转为非农业人口的通知》（1981年12月30日）	要认真做好思想工作，动员他们回农村参加农业生产，不能在单位之间调配和借用。关停企业和停缓建单位使用的农村临时工，要全部清退回去	清退农村临时工	本地农业就业	促进农村劳动力本地就业

续表

文件名称	政策原始文本材料（部分参考点）	初始概念	初始范畴	政策目标
《中共中央关于当前农村经济政策的若干问题》（1983年1月1日）	我国农村只有走农林牧副渔全面发展、农工商综合经营的道路，才能使农村的剩余劳动力离土不离乡	离土不离乡	本地农业就业	促进农村劳动力本地就业
《中共中央关于一九八四年农村工作的通知》（1984年1月1日）	继续稳定和完善联产承包责任制，帮助农民在家庭经营的基础上扩大生产规模，提高经济效益	完善家庭联产承包责任制		
《中共中央、国务院关于广开门路，搞活经济，解决城镇就业问题的若干决定》（1981年10月17日）	按照国民经济的需要适当发展城镇劳动者个体经济，增加自谋职业的渠道	适当发展城镇劳动者个体经济	本地非农就业	
	对农村多余劳动力，要通过发展多种经营和兴办社队企业，就地适当安置，不使其涌入城镇	大力发展社队企业		
《中共中央、国务院关于一九八六年农村工作的部署》（1986年1月1日）	乡镇企业在短短几年时间里，产值已达二千亿元以上，吸收劳力六千万人，为我国农村克服耕地有限、劳力过多、资金短缺的困难，为建立新的城乡关系，找到了一条有效的途径	大力发展乡镇企业		
《中共中央关于制定国民经济和社会发展十年规划和"八五"计划的建议》（1990年12月30日）	努力开拓城乡就业门路，增加劳动岗位，充分发挥城镇集体经济和其他各种经济成分在安排就业方面的作用	大力发展城镇集体经济		

表3-5　1979—1992年农村劳动力就业政策目标（三）

文件名称	政策原始文本材料 （部分参考点）	初始 概念	初始 范畴	政策 目标
《劳动部、国务院贫困地区经济开发领导小组关于加强贫困地区劳动力资源开发工作的通知》（1988年7月15日）	根据农村剩余劳动力转移的需要，利用现有培训手段和用工单位的力量，有目的、有计划地开展职业技术培训，并鼓励城市企业的富余职工和退休技术人员到贫困地区传授技术，培训人员	开展农民工职业技能培训	提升农村劳动力就业能力	关注农村劳动力就业能力与权益
《国务院关于做好劳动就业工作的通知》（1990年4月27日）	扩大就业训练规模，提高待业人员素质。为帮助待业人员适应社会各方面的需要，应积极开展有计划、有组织的培训	开展就业训练		
《中共中央关于加快农业发展若干问题的决定》（1979年9月28日）	人民公社各级经济组织必须认真执行各尽所能、按劳分配的原则，多劳多得，少劳少得，男女同工同酬	实行按劳分配	维护农村劳动力平等就业权益	
《国务院关于农民进入集镇落户问题的通知》（1984年10月13日）	为了保护农民进入集镇兴业安居的合法权益，乡镇人民政府要依照国家法律，保护其正当的经济活动，任何组织和个人不得随意侵占他们的合法利益	保障农民进入集镇兴业安居的合法权益		
《国营企业招用工人暂行规定》（1986年7月12日）	企业招用工人，应当公布招工简章，符合报考条件的城镇待业人员和国家规定允许从农村招用的人员，均可报考	农民享有平等报考国企权利		

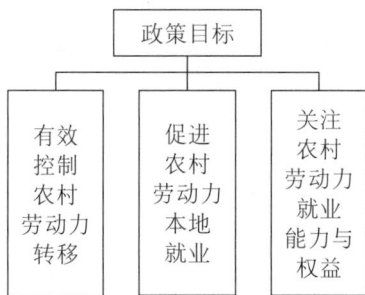

图3-1 改革开放初期农村劳动力就业政策目标

三、就业政策变迁的关键节点与主要内容

改革开放后，我国开始引入外资，社会主义事业迎来了全新发展时期。为了保障劳动者的合法权益，推动经济发展和维护社会秩序，国家开始逐步调整农村劳动力就业政策。

（一）大力发展乡镇企业

在解决农村经济体制改革所带来的剩余劳动力问题上，乡镇企业的发展功不可没。得益于乡镇企业的迅猛发展，农村劳动力得以就近转移就业。乡镇企业之所以能在改革开放初期蓬勃发展，离不开国家政策的大力支持。

1979年9月，中国共产党第十一届中央委员会第四次全体会议通过了《中共中央关于加快农业发展若干问题的决定》。该决定提出：发展各项农业基本建设和发展农村社队企业，对于改造农业生产的自然条件，提高农民扩大再生产的物质能力，起了显著作用，必须十分重视。社队企业要有一个大发展，逐步提高社队企业的收入占公社三级经济收入的比重。凡是符合经济合理的原则，宜于农村加工的农副产品，要逐步由社队企业加工。

1981年10月，《中共中央、国务院关于广开门路，搞活经济，解决城镇就业问题的若干决定》再一次提出要利用社队企业解决农村剩余劳动力就业的问题："对农村多余劳动力，要通过发展多种经营和兴办社队企业，就地适当安置，不使其涌入城镇。"

1984年3月，在《关于开创社队企业新局面的报告》中，社队企业正式被更名为乡镇企业。

1986年的中央一号文件《中共中央、国务院关于一九八六年农村工作的部署》提出要支持乡镇企业发展，帮助农村劳动力就近转移就业。

1990年12月，中国共产党第十三届中央委员会第七次全体会议通过的《中共中央关于制定国民经济和社会发展十年规划和"八五"计划的建议》进一步提出："坚持'积极扶持，合理规划，正确引导，加强管理'的方针，促进乡镇企业继续健康发展。"

（二）取消限制入城政策

自农村经济体制改革以来，农民的生产积极性空前高涨，农村生产力大幅提升。但是，农村地区一直存在的剩余劳动力问题也再次显现出来。随着改革开放的推进，乡镇企业迅速崛起，外资企业、民营企业也如雨后春笋般涌现。而这些企业大多属于劳动密集型产业，这使得城镇地区对廉价劳动力的需求日益旺盛，从而为农村劳动力的转移就业创造了可能。从1984年开始，中央陆续颁布了一系列的放开搞活政策，之前对农民非农就业的限制逐步被取消。

在1984年的中央一号文件——《中共中央关于一九八四年农村工作的通知》中，中央肯定了农村劳动力对城镇经济发展的作用，并指出"各省、自治区、直辖市可选若干集镇进行试点，允许务工、经商、办服务业的农民自理口粮到集镇落户"。这标志着农民向城市迁徙的严格限制政策开始松动。

1984年2月,《国务院关于合作商业组织和个人贩运农副产品若干问题的规定》发布。该规定明确:"除国营商业和供销合作社积极开展农副产品购销业务外,国家允许其他合作商业组织和个人按照本规定贩运农副产品。""贩运农副产品,不受行政区划和路途远近的限制,可以出县、出省。贩运农副产品,可以利用机动车船,但须遵守交通部门的有关规定。"

1984年10月,《国务院关于农民进入集镇落户问题的通知》发布,对农村劳动力进入集镇务工和经商的落户问题进行了详细规定:"凡申请到集镇务工、经商、办服务业的农民和家属,在集镇有固定住所,有经营能力,或在乡镇企事业单位长期务工的,公安部门应准予落常住户口,及时办理入户手续,发给《自理口粮户口簿》,统计为非农业人口。""对新到集镇务工、经商、办服务业的户要同集镇居民户一样纳入街道居民小组,参加街道居民委员会活动,享有同等权利,履行应尽的义务。"

相关政策和措施的陆续出台,使得城乡、地区间的劳动力流动,尤其是贫困地区农村劳动力的对外输出有了政策支持。在这一时期,成千上万的"离土又离乡"的农村流动人口,也就是我们关注的"农民工"群体开始大量涌现。

(三)应对"民工潮"问题

随着改革开放的深入和一系列促进农村剩余劳动力就业政策和措施的出台,户籍制度开始松动,城乡、地区间的劳动力流动,尤其是贫困地区农村劳动力的对外输出也得到了政府支持。在这个时期,大量农民工开始离开家乡前往城市寻找工作机会。然而,由于中国农村劳动力长期以来被土地所限制,而且国家处于改革开放初期，因此，在农民工外出就业问题上缺乏专门的制度和政策管理，这导致突然出现的跨地区人口流动给各省带来了社会问题。制度变迁理论强调政策制定者需要不断评估政策效果，并根据反馈对政策进行适当的调整。因此，在对跨地区人口流动带来的社会问题进行评估后，为了保证国民经济平稳运行和社会稳定，从1989年开始，国家陆续出台一系列政策来加强对农民工流动的控制，以确保农村劳动力能够有序转移就业。

1989年3月，《国务院办公厅关于严格控制民工盲目外出的紧急通知》发布，开始加强对农民工外流的管控。通知指出："各级人民政府要加强对外出民工的管理工作。近期内，要控制民工盲目外出和大量集中外出，对已集中到达火车站的民工，要组织力量做好劝阻工作，使这些民工不要盲目外出，并动员返乡。"

1989年4月，《民政部、公安部关于进一步做好控制民工盲目外流的通知》强调："各地人民政府要坚决贯彻国务院办公厅关于严格控制民工盲目外出的紧急通知精神，采取有效措施严格控制当地民工盲目外出。""从当地实际出发，分别不同情况，妥善解决农村剩余劳动力的出路问题，使这部分人的生产积极性得到充分的发挥。"

1991年3月，国务院办公厅又发布《关于劝阻民工盲目去广东的通知》，再次对农村劳动力盲目流动的问题作出强调和规定。"民工潮"问题有所缓解，部分农村劳动力开始回流到农村。

第四节 社会主义市场经济体制确立初期 (1993—2012年) 农村劳动力有序转移就业

一、就业政策的背景

1993年11月，党的十四届三中全会审议通过了《中共中央关于建立社会主义市场经济体制若干问题的决定》，把党的十四大提出的经济体制改革目标和基本原则进一步具体化，制定了建立社会主义市场经济体制的总体规划，我国经济体制改革开始向着建立社会主义市场经济体制的目标迈进。在这一时期，我国注重引进国外先进技术和管理经验，推动产业结构转型升级。同时，高新技术制造业得到飞速发展，并成为带动我国工业实现跨越式发展的重要因素。

（一）社会主义市场经济体制正式确立

1993年，社会主义市场经济体制建设正式开启。这一重大转折确立了各类经济主体在国家经济活动中的合法地位，并推动了多种所有制企业的迅猛发展。同时，农村第三产业与乡镇企业快速兴起，对农村劳动力的需求不断增加，这使得农民纷纷前往城镇寻找就业机会。

社会主义市场经济体制改革对农村劳动力就业所带来的最大改变还在于粮票制度的废除。1953年，中央政府颁布了《关于粮食的计划收购和计划供应》的命令，开始对粮食、棉花、油料等农产品实行"统购统销"。紧接着，国家粮食部和各省人民政府于 1955 年 11 月正式发行粮票，全国开始实行粮票购粮制度。在此后的近 40 年里，粮票成为国家的"第二货币"，农村劳动力若未取得城市户籍，则无法获取粮票，粮票与户口绑定。1993年 2 月，国务院正式发布《关于加快粮食流通体制改革的通知》，取消了粮票和油票，实行粮油商品敞开供应。至 1993 年 5 月，粮票在全国基本废除。从此，陪伴城镇居民长达 30 多年的粮票、油票等各类凭证宣告退出历史舞台，票证时代正式终结。粮票废除后，农村劳动力外出务工不再受粮食供给的约束，大规模的人口跨省、跨区域自由流动开始成为现实。

（二）国有企业改革

在 20 世纪 90 年代，随着社会主义市场经济体制改革的推进，人们普遍认识到只有从所有权层面进行改革才能真正提升企业竞争力，这是国有企业的唯一出路。同时，政府开始认识到，在搞活微观企业的同时，还需要从整体上振兴国有经济。这就需要为国有经济进行功能定位并实施战略重组，同时需要创新国有资产监管模式和国有企业领导机制。在此背景下，国有企业纷纷实施大规模改制和重组。再加上 1997 年亚洲金融危机的冲击，国内经济总体出现了通货紧缩状况，城镇就业压力巨大，城镇下岗职工再就业问题十分突出。随着城镇对农村劳动力吸纳能力的严重下降，农村剩余劳动力就业面临着前所未有的困境。

（三）产业结构调整

20 世纪 90 年代后，随着改革开放的进一步深入和我国产业结构的调整，农村劳动力最初从第一产业转移到第二产业，后来又转移到第三产业。根据我国三次产业从业人员结构变化的数据，可以清晰地看出 1979—2001 年我国产业结构发生了重大变化，全社会从业人员总量增加了 3 亿人，其中第一、二、三产业分别增加了 7 012 万人、9 453 万人和约 1.4 亿人。这导致了三次产业在全社会从业人员总量中所占的比重发生了巨大变化：第三产业从业人员比重大幅提高，从 1978 年的 12.2% 上升到 1989 年的 18.3%，并在 2001 年达到 27.7%（见表3-6）。这意味着每年平均增加 0.7 个百分点。第三产业的崛起极大地改变了农村劳动力的就业格局，成为吸纳农村劳动力的巨大就业蓄水池。

表3-6　　　　　　　　三次产业从业人员结构变化

时　间	总数（万人）	第一产业		第二产业		第三产业	
		从业人数（万人）	构成（%）	从业人数（万人）	构成（%）	从业人数（万人）	构成（%）
1978年	40 152	28 318	70.5	6 945	17.3	4 890	12.2
1989年	55 329	33 225	60.0	11 976	21.6	10 129	18.3
2001年	73 025	36 513	50.0	16 284	22.3	20 228	27.7
"六五"时期平均	46 705	30 757	65.8	9 000	19.3	6 948	14.8
"七五"时期平均	55 696	33 461	60.1	12 185	21.9	10 049	18.0
"八五"时期平均	66 794	37 527	56.2	14 860	22.2	14 407	21.6
"九五"时期平均	70 577	35 330	50.1	16 398	23.2	18 849	26.7

资料来源：国家统计局。

二、就业政策的目标

1993—2012年是我国农村劳动力就业政策发展的第四个阶段。随着改革开放的深入推进和社会主义市场经济体制改革的实施，农村劳动力转移的规模越来越大，就业的渠道和形式也更加复杂多样。然而，由于缺乏完善的制度和可供参考的经验，农村劳动力在转移就业的过程中产生了许多新的社会问题。通过运用质性分析软件 NVivo 12 对这一时期的农村劳动力就业政策进行编码，结果发现，这一时期的政策目标主要包括多渠道促进农村劳动力有序转移就业、完善农村劳动力就业公共服务体系、建立健全农村劳动力就业法制体系（见表3-7至表3-9和图3-2）。

表3-7　　1993—2012年农村劳动力就业政策目标（一）

文件名称	政策原始文本材料（部分参考点）	初始概念	初始范畴	政策目标
《中共中央关于农业和农村工作若干重大问题的决定》（1998年10月14日）	发展小城镇，是带动农村经济和社会发展的一个大战略，有利于乡镇企业相对集中，更大规模地转移农业富余劳动力	持续推进小城镇建设	本地非农就业	多渠道促进农村劳动力有序转移就业
《中共中央、国务院关于做好2002年农业和农村工作的意见》（2002年1月10日）	以农产品加工业和农村服务业为重点，加快发展农村二、三产业	大力发展农村二、三产业		

续表

文件名称	政策原始文本材料（部分参考点）	初始概念	初始范畴	政策目标
《国务院关于解决农民工问题的若干意见》（2006年1月31日）	大力发展乡镇企业和县域经济，扩大当地转移就业容量。这是农民转移就业的重要途径	大力发展乡镇企业和县域经济	本地非农就业	多渠道促进农村劳动力有序转移就业
《劳动部关于印发〈再就业工程〉和〈农村劳动力跨地区流动有序化——"城乡协调就业计划"第一期工程〉的通知》（1993年11月3日）	在主要输入、输出地区，鼓励发展为农村劳动力跨地区流动和异地就业的服务组织，包括城市职业介绍所、乡镇劳动服务站、民办中介服务实体、区域性劳务合作组织、省际和区域性劳务协调组织、各类培训组织及为异地就业民工提供住宿、交通服务的其他组织等	鼓励发展劳务服务组织	异地劳务输出	
《中央社会治安综合治理委员会关于加强流动人口管理工作的意见》（1995年9月19日）	加强对农村剩余劳动力跨地区流动就业的调控和管理，提高劳动力跨地区流动的组织化、有序化程度	提高劳动力流动的组织化程度		
《国务院关于转移农村劳动力、保障农民工权益工作情况的报告》（2010年4月28日）	积极开展劳务协作，建设劳务基地、培育劳务品牌，促进劳务经济的产业化发展	加强区域劳务协作		

续表

文件名称	政策原始文本材料（部分参考点）	初始概念	初始范畴	政策目标
《劳动部关于印发〈劳动部关于建立社会主义市场经济体制时期劳动体制改革总体设想〉的通知》（1993年12月21日）	进一步发展就业服务企业，积极开拓境外就业渠道，扩大劳务输出，减少就业压力	开拓境外就业渠道	境外就业	多渠道促进农村劳动力有序转移就业
《劳动部关于印发〈促进劳动力市场发展，完善就业服务体系建设的实施计划〉的通知》（1994年8月8日）	进一步沟通国内外劳动力市场，开拓境外就业新领域，把引进国际规范与强化国内管理服务结合起来	加强境外就业管理		

表3-8　　1993—2012年农村劳动力就业政策目标（二）

文件名称	政策原始文本材料（部分参考点）	初始概念	初始范畴	政策目标
《国务院办公厅关于做好农民进城务工就业管理和服务工作的通知》（2003年1月5日）	流入地政府应采取多种形式，接收农民工子女在当地的全日制公办中小学入学，在入学条件等方面与当地学生一视同仁	保障农民工子女受教育权	实现基本公共教育服务均等化	完善农村劳动力就业公共服务体系

续表

文件名称	政策原始文本材料 （部分参考点）	初始概念	初始范畴	政策目标
《中共中央 国务院关于切实加强农业基础建设进一步促进农业发展农民增收的若干意见》（2007年12月31日）	农民工输出地要为留守儿童创造良好的学习、寄宿和监护条件。深入开展"共享蓝天"关爱农村留守、流动儿童行动	关爱农村留守儿童	实现基本公共教育服务均等化	
《国务院办公厅转发农业部等部门2003—2010年全国农民工培训规划的通知》（2003年9月18日）	各类教育培训机构和中介组织要主动参与农村劳动力就业市场体系建设并发挥积极作用，为学员就业创造条件并提供信息服务	做好农村劳动力就业市场建设	健全农村劳动力就业服务体系	完善农村劳动力就业公共服务体系
《中共中央 国务院关于推进社会主义新农村建设的若干意见》（2005年12月31日）	建立健全城乡就业公共服务网络，为外出务工农民免费提供法律政策咨询、就业信息、就业指导和职业介绍	建立城乡就业公共服务网络		
《国务院关于解决农民工问题的若干意见》（2006年1月31日）	各地要适应工业化、城镇化和农村劳动力转移就业的需要，大力开展农民工职业技能培训和引导性培训，提高农民转移就业能力和外出适应能力	开展职业技能培训		

续表

文件名称	政策原始文本材料（部分参考点）	初始概念	初始范畴	政策目标
《国务院关于解决农民工问题的若干意见》（2006 年 1 月 31 日）	所有用人单位必须及时为农民工办理参加工伤保险手续，并按时足额缴纳工伤保险费	将农民工纳入工伤保险范围	建立农民工社会保障制度	完善农村劳动力就业公共服务体系
	各统筹地区要采取建立大病医疗保险统筹基金的办法，重点解决农民工进城务工期间的住院医疗保障问题	解决农民工大病医疗保障问题		
	抓紧研究低费率、广覆盖、可转移，并能够与现行的养老保险制度衔接的农民工养老保险办法	探索农民工养老保险办法		
《国务院关于转移农村劳动力、保障农民工权益工作情况的报告》（2010 年 4 月 28 日）	鼓励有条件的城市将有稳定职业并在城市居住一定年限的农民工逐步纳入城镇保障性住房体系，探索建立农民工公共租赁等住房制度，多渠道多形式改善农民工居住条件	改善农民工居住条件		

表3-9　　1993—2012年农村劳动力就业政策目标（三）

文件名称	政策原始文本材料（部分参考点）	初始概念	初始范畴	政策目标
《劳动部关于印发〈再就业工程〉和〈农村劳动力跨地区流动有序化——"城乡协调就业计划"第一期工程〉的通知》（1993年11月3日）	在全国范围内建立起农村劳动力跨地区流动的基本制度，包括大、中城市各类企业用工管理和监察制度，劳动力市场规范，劳动力输入、输出的管理和服务制度，异地就业劳动者的权益保障制度等	建立有序的劳动力跨地区流动制度	就业制度建设	建立健全农村劳动力就业法制体系
《劳动部关于颁布〈农村劳动力跨省流动就业管理暂行规定〉的通知》（1994年11月17日）（已废止）	为了加强农村劳动力跨地区流动就业的管理，规范用人单位用人、农村劳动者就业和各类服务组织从事有关服务活动的行为，引导农村劳动力跨地区有序流动，现颁布《农村劳动力跨省流动就业管理暂行规定》	颁布劳动力跨省流动就业暂行规定		
《国务院办公厅关于做好农民进城务工就业管理和服务工作的通知》（2003年1月5日）	各地区、各有关部门要取消对企业使用农民工的行政审批，取消对农民进城务工就业的职业工种限制，不得干涉企业自主合法使用农民工	保障企业自主合法使用农民工权限	就业权益保障	

文件名称	政策原始文本材料（部分参考点）	初始概念	初始范畴	政策目标
《国务院关于解决农民工问题的若干意见》（2006年1月31日）	所有用人单位招用农民工都必须依法订立并履行劳动合同，建立权责明确的劳动关系	执行劳动合同制度	就业权益保障	建立健全农村劳动力就业法制体系
	强化劳动保障监察执法，加强劳动保障监察队伍建设，完善日常巡视检查制度和责任制度，依法严厉查处用人单位侵犯农民工权益的违法行为	加大维护农民工权益的执法力度		

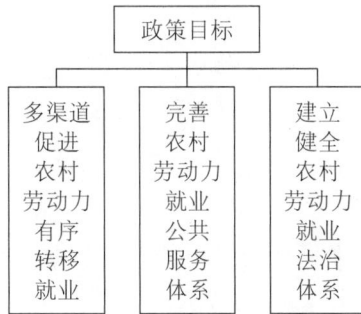

图3-2　社会主义市场经济体制确立初期农村劳动力就业政策目标

三、就业政策变迁的关键节点与主要内容

（一）引导农村劳动力有序流动

粮票制度取消后，中国迎来了大规模的"民工潮"，大量农

村劳动力开始向城镇转移就业。然而，由于信息不对称，劳动力的自发流动必然导致诸多问题。因此，根据政策工具理论，如何通过有效的政策工具引导农村劳动力有序前往城镇就业，就成为国家政策关注的焦点之一。

1993年11月，国务院印发的《农村劳动力跨地区流动有序化——"城乡协调就业计划"第一期工程》提出："在全国形成与市场经济相适应的劳动力跨地区流动的基本制度、市场信息系统和服务网络，使农村劳动力流动规模较大的主要输入、输出地区实现农村劳动力流动有序化。"

1994年11月，劳动部颁布《农村劳动力跨省流动就业管理暂行规定》，要求外出务工的农民在外出前必须登记领取"外出人员就业登记卡"，并在抵达城市后凭此卡办理"外来人员就业证"，以此引导农村劳动力有序前往城镇就业。

为加强流动人口管理工作，1995年9月，《中央社会治安综合治理委员会关于加强流动人口管理工作的意见》发布。该意见规定，进城务工的流动人口必须持有"暂住证"和"外来人员就业证"。

随后，国家陆续发布了《国务院办公厅转发劳动部等部门关于进一步做好组织民工有序流动工作意见的通知》《劳动和社会保障部办公厅关于印发做好农村富余劳动力流动就业工作意见的通知》等文件，以加强对农村剩余劳动力跨地区流动就业的调控和管理，增强农村劳动力跨地区流动的组织化、有序化程度，并开展有组织的劳务输出。

（二）大力推进小城镇建设

农村经济体制改革后，乡镇企业获得了迅猛发展，进而带动了小城镇建设。小城镇建设与乡镇企业的发展一度形成了相互促进、互利共生的局面。乡镇企业和小城镇之间形成了相互促进、互利共生的良好局面。一方面，小城镇充分发挥了聚集优势，成为乡镇企业的产品集散地，为乡镇企业的发展提供了市场条件，同时有利于解决乡镇企业发展中的一些负外部效应。另一方面，乡镇企业为小城镇建设提供了资金支持，并提供了就业机会，吸纳了大量劳动力。因此，在20世纪90年代末，国家相继推出了一系列政策推动小城镇建设，以缓解农村劳动力盲目外出就业的压力，并带动农村劳动力就近就业。比如，1993年11月，中共中央在《中共中央关于建立社会主义市场经济体制若干问题的决定》中提出："引导乡镇企业适当集中，充分利用和改造现有小城镇，建设新的小城镇。逐步改革小城镇的户籍管理制度，允许农民进入小城镇务工经商，发展农村第三产业，促进农村剩余劳动力的转移。"1995—2011年，国家陆续出台了《小城镇综合改革试点指导意见》《中央社会治安综合治理委员会关于加强流动人口管理工作的意见》《国务院批转公安部小城镇户籍管理制度改革试点方案和关于完善农村户籍管理制度意见的通知》《中共中央、国务院关于促进小城镇健康发展的若干意见》《国务院批转公安部关于推进小城镇户籍管理制度改革意见的通知》等文件，以推动小城镇建设，促进乡镇企业发展，引导农村剩余劳动力就近就业。

（三）保护农民工合法权益

20世纪90年代之后，随着改革开放的不断深入以及社会主义市场经济体制改革的推动，农村劳动力纷纷离开土地，其转移就业呈现"离乡又跨省"的新特点。随着外出就业的人数不断增多，农民工逐渐成为城市建设和经济发展的主要推动力量之一。然而，与之形成鲜明对比的是农民工不佳的就业环境，拖欠工资、社会保障缺失、工时长、工资低的状况普遍存在。政府调整相关政策，以保护农民工的合法权益。

1994年7月，《劳动法》颁布，标志着劳动者的合法权益有了法律保障。该法规定劳动者享有平等就业权利，要求遵循按劳分配原则进行工资分配，实行同工同酬。

2000年7月，《关于进一步开展农村劳动力开发就业试点工作的通知》发布，劳动保障部、国家计委、农业部、科技部、建设部、水利部和国务院发展研究中心决定，在一些有条件的地区开展试点，进一步推动农村劳动力开发就业工作。

2003年1月，《国务院办公厅关于做好农民进城务工就业管理和服务工作的通知》发布，取消对农民进城务工就业的不合理限制，改善农民工的生产生活条件，做好农民工培训工作，多渠道安排农民工子女就学，等等。

2007年后，国家相继通过《就业促进法》《劳动合同法》《中华人民共和国劳动争议调解仲裁法》等，进一步完善了中国特色社会主义法律体系，为农村劳动力维护自身就业和劳动权益提供了更为有力的保障。

第五节　中国特色社会主义新时代（2013年至今）农村劳动力高质量充分就业

一、就业政策的背景

2012年11月，党的十八大确定了"两个一百年"奋斗目标，中国特色社会主义进入新时代。同时，大会提出要着力构建现代产业发展新体系。此后，党的十九大报告提出要着力加快建设实体经济、科技创新、现代金融、人力资源协同发展的产业体系。

党的二十大报告进一步强调："建设现代化产业体系，坚持把发展经济的着力点放在实体经济上，推进新型工业化，加快建设制造强国、质量强国、航天强国、交通强国、网络强国、数字中国。"在中国特色社会主义新时代的背景下，农村劳动力就业迎来了新的机遇和挑战。

（一）全面建成小康社会

党的十八大明确提出，确保到2020年实现全面建成小康社会宏伟目标，并对此作出了全新部署和战略安排。党的十八大后，以习近平同志为核心的党中央以前所未有的力度推动全面建成小康社会，实施了以三大攻坚战（防范化解重大风险、精准脱贫、污染防治）为突出任务的一系列战略部署，历史性地解决了绝对贫困问题，如期在中华大地上全面建成小康社会。

小康成色如何，很大程度上要看"三农"工作成效。党的十八大以来，我国在"三农"领域实现了显著发展，农村基础设施和农民日常生活发生了翻天覆地的变化，农村的生活条件明显改善。同时，随着科学技术的进步，农业农村现代化也在深入推进。农业产业化水平不断提高，第一、二、三产业的融合程度不断加深，设施农业、无土栽培、观光农业、精准农业等新型农业生产模式迅速发展。到2023年，我国设施农业总产值超4.47万亿元，已成为设施农业第一大国。①现代设施农业已涵盖种子、机械、农艺、材料、信息等众多领域，设施种植机械化率超过40%。其中，全国现代设施种植面积达到4 000万亩，约70%的肉蛋奶和52%的养殖水产品由设施养殖提供。②设施农业、无土

---

① 樊胜根. 发展设施农业践行大食物观［N］. 经济日报，2023-07-14（11）.

② 常钦. 我国现代设施种植面积达4000万亩［N］. 人民日报，2024-04-17（7）.

栽培等新型农业生产模式突破了资源和自然条件的限制，改变了农业生产的季节性，拓宽了农业生产的时空分布，为城乡居民提供了丰富的新鲜瓜果蔬菜。[①]

中国全面步入小康社会，农村生活条件逐步改善，也为更多年轻人选择返乡就业创业提供了机遇。

（二）产业转移规模持续扩大

自 2008 年全球金融危机爆发以来，随着我国经济社会不断发展，东部地区土地、劳动力等生产要素的价格持续上升，导致大量劳动密集型产业逐渐向成本较低的中西部地区以及东南亚地区转移。表 3-10 呈现了典型行业出口交货值的数据变化，从中可以直接揭示我国产业转移现象的发生。对比两个时间段内我国制造业各行业出口交货值的平均水平，我们可以发现，仪器仪表制造业、纺织业等行业的出口交货值均出现净减少。当前，我国制造业的转移规模还在不断扩大，而且主要集中在劳动密集型和矿产资源的初级加工品行业。产业转移对东部沿海城市的就业带来了巨大影响。在这样的时代背景下，返乡就业创业扮演着稳定农村劳动力就业的重要角色。

（三）经济增长方式转变

党的十九大报告指出"我国经济已由高速增长阶段转向高质量发展阶段"。这是根据国际、国内环境变化，特别是我国发展条件和发展阶段变化作出的重大判断。我国经济增速已从过去 9% 左右的高速增长逐步下降至 2023 年的 5.2%。根据奥肯定律，

---

① 国家统计局. 农业发展成就显著 乡村美丽宜业宜居——党的十八大以来经济社会发展成就系列报告之二 [EB/OL]. (2022-09-14) [2024-02-14]. https://www.stats.gov.cn/xxgk/jd/sjjd2020/202209/t20220914_1888221. html.

表3-10　　我国制造业重点行业出口交货值情况比较（部分）

行　业	2008—2014年均值	2015—2019年均值	Ⅱ期较Ⅰ期
	Ⅰ期（亿元）	Ⅱ期（亿元）	变化（%）
农副食品加工业	2 116.06	2 386.39	12.78
食品制造业	777.64	977.01	25.64
酒、饮料和精制茶制造业	194.42	211.60	8.83
烟草制品业	27.93	36.26	29.82
纺织业	4 124.94	2 950.63	−28.47
纺织服装、服饰业	3 649.56	3 817.56	4.6
皮革、毛皮、羽毛及其制品和制鞋业	2 400.39	2 861.69	19.22
木材加工及木、竹、藤、棕、草制品业	675.96	650.73	−3.73
家具制造业	1 155.42	1 485.96	28.61
造纸及纸制品业	530.60	496.40	−6.45
仪器仪表制造业	1 827.01	1 137.34	−37.75

资料来源：国家统计局。

在技术稳定的社会中，经济增长与劳动就业之间存在一个稳定的关系。因此，经济增长率的下降意味着劳动就业增长率的下降，从而导致失业率的增加。这就要求国家积极发掘新的经济增长潜力。根据国家统计局的数据，截至2023年年末，全国乡村常住人口为47 700万人，占全国总人口的比重为33.84%。庞大的人口规模，加上不断增长的农民收入、持续提升的教育水平以及稳步改善的基础设施，预示着中国农村市场巨大的消费潜力和发展前景。因此，我国政府已开始采取一系列措施来促进农村劳动力返乡就业创业。

（四）新冠肺炎疫情[①]暴发

2020年，疫情给全球经济造成了巨大冲击。全球产业链和供应链遭到深度破坏，实体经济短期大规模停摆。随着疫情的持续扩散，全球经济陷入了一场严重的大衰退。生产、投资和消费等经济活动放缓，就业市场雪上加霜。在疫情的影响下，中国农村劳动力外出就业受到沉重打击。一方面，需求端的投资、消费和出口受到严重影响，特别是传统劳动密集型制造业出口面临巨大冲击，大批工厂不得不停产。根据国家统计局公布的数据，截至2020年2月底，外出务工的农民工人数从2019年年底的1.7亿降低到了1.2亿。另一方面，疫情对第三产业造成了沉重打击。一直以来，第三产业都是农村劳动力就业的主要渠道。统计数据显示，2019年我国第三产业从业人员占比达到55%。由于近年来我国第三产业就业人数比重不断增长，疫情对我国就业的波及范围更广、影响程度更深，特别是旅游业、餐饮业、交通运输业、批发和零售业等行业直接受到了疫情的冲击。因此，在疫情下解决农村劳动力就业问题显得尤为重要，它关乎就业形势的稳定和社会的稳定。在各国的努力下，随着时间的推移，疫情逐步得到控制，经济活动逐渐恢复。就中国而言，随着各行各业的复苏，就业市场也呈现出积极迹象。特别是数字化领域，如电子商

---

① 2022年12月26日，国家卫生健康委员会发布公告，将新型冠状病毒肺炎更名为新型冠状病毒感染。经国务院批准，自2023年1月8日起，解除对新型冠状病毒感染采取的《中华人民共和国传染病防治法》规定的甲类传染病预防、控制措施；新型冠状病毒感染不再纳入《中华人民共和国国境卫生检疫法》规定的检疫传染病管理。2023年5月5日，世界卫生组织宣布，新冠肺炎疫情不再构成"国际关注的突发公共卫生事件"。本书涉及此处的时间是在2022年12月26日之前，故仍用"新冠肺炎疫情"。

务、远程办公和在线教育等，出现了更多就业机会。当然，不可忽视的是，就业形势仍然存在挑战。一些行业仍然在调整和重建过程中，复苏速度较慢。此外，由于疫情的影响，许多公司转向了自动化和智能化，对劳动力需求减少。这给农村劳动力就业带来了额外的压力。因此，在这个时期，增强农村劳动力的就业能力成为就业政策关注的重点。

二、就业政策的目标

党的十八大以来，中国特色社会主义进入新时代，标志着我国发展迈入新的历史方位。与此同时，农村劳动力就业政策的发展也进入第五阶段。在此阶段，产业转移、经济增长、信息技术的发展以及疫情的暴发给农村劳动力就业带来了新的机遇和挑战。通过运用质性分析软件 NVivo 12 对这一时期的农村劳动力就业政策进行编码，结果发现，这一时期的政策目标主要包括加快提升农业转移人口市民化水平、全面改善农村劳动力就业质量、稳定和扩大农村劳动力转移就业规模以及鼓励返乡就业创业推动乡村全面振兴（见表 3-11 至表 3-14 以及图 3-3）。

三、就业政策变迁的关键节点与主要内容

（一）优化农村劳动力职业技能培训

根据人力资本理论，加大对农村劳动力的人力资本投资，提升其人力资本水平，可以有效推动农村劳动力转移就业。同时，根据费景汉-拉尼斯模型，为确保从农业部门转移出来的劳动力有效地在非农业部门就业，政策制定者需要重视技能培

训和教育。因此，自党的十八大以来，为了进一步推动农村劳动力转移就业，国家对农村劳动力职业技能培训的重视程度不断加大。

表3-11　　2013—2023年农村劳动力就业政策目标（一）

文件名称	政策原始文本材料（部分参考点）	初始概念	初始范畴	政策目标
《国务院关于进一步推进户籍制度改革的意见》（2014年7月30日）	取消农业户口与非农业户口性质区分和由此衍生的蓝印户口等户口类型，统一登记为居民户口，体现户籍制度的人口登记管理功能	建立城乡统一的户口登记制度	统筹推进户籍制度改革	加快提升农业转移人口市民化水平
《国务院关于进一步做好新形势下就业创业工作的意见》（2015年5月1日）	结合新型城镇化建设和户籍制度改革，建立健全城乡劳动者平等就业制度，进一步清理针对农民工就业的歧视性规定	建立健全城乡劳动者平等就业制度		
《国务院关于印发"十四五"就业促进规划的通知》（2021年8月27日）	推动地方逐步探索制定城乡双向流动的户口迁移政策，确保外地和本地农业转移人口进城落户标准一视同仁，推动在城镇稳定就业生活、具有落户意愿的农业转移人口便捷落户	推动农业转移人口落户城镇		

续表

文件名称	政策原始文本材料（部分参考点）	初始概念	初始范畴	政策目标
《国务院关于进一步推进户籍制度改革的意见》（2014年7月30日）	保障农业转移人口及其他常住人口随迁子女平等享有受教育权利；将随迁子女义务教育纳入各级政府教育发展规划和财政保障范畴；逐步完善并落实随迁子女在流入地接受中等职业教育免学费和普惠性学前教育的政策以及接受义务教育后参加升学考试的实施办法	保障农民工子女受教育权	促进农业转移人口深度融入城市	加快提升农业转移人口市民化水平
	将农业转移人口及其他常住人口纳入社区卫生和计划生育服务体系，提供基本医疗卫生服务。把进城落户农民完全纳入城镇社会保障体系	向进城落户农民提供社会保障服务		
	把进城落户农民完全纳入城镇住房保障体系，采取多种方式保障农业转移人口基本住房需求	为进城落户农民提供住房保障		
《国务院关于进一步做好为农民工服务工作的意见》（2014年9月12日）	深化基本公共服务供给制度改革，积极推进城镇基本公共服务由主要对本地户籍人口提供向对常住人口提供转变，努力实现城镇基本公共服务覆盖在城镇常住的农民工及其随迁家属，使其逐步平等享受市民权利	推动农民工平等享受城镇基本公共服务		

表3-12　　2013—2023年农村劳动力就业政策目标（二）

文件名称	政策原始文本材料（部分参考点）	初始概念	初始范畴	政策目标
《国务院关于进一步做好为农民工服务工作的意见》（2014年9月12日）	在建设领域和其他容易发生欠薪的行业推行工资保证金制度，在有条件的市县探索建立健全欠薪应急周转金制度 落实农民工与城镇职工同工同酬原则	保障农民工工资报酬权益	保障农民工劳动权益	全面改善农村劳动力就业质量
	完善劳动保障违法行为排查预警、快速处置机制，健全举报投诉制度，依法查处用人单位侵害农民工权益的违法行为 畅通农民工劳动争议仲裁"绿色通道"	畅通农民工维权渠道		
	督促企业对接触职业病危害的农民工开展职业健康检查、建立监护档案。建立重点职业病监测哨点，完善职业病诊断、鉴定、治疗的法规、标准和机构。重点整治矿山、工程建设等领域农民工工伤多发问题	加强农民工职业安全和健康保护		

文件名称	政策原始文本材料（部分参考点）	初始概念	初始范畴	政策目标
《人力资源社会保障部关于印发农民工稳就业职业技能培训计划的通知》（2020年5月28日）	深入实施职业技能提升行动，将职业技能培训作为促进农村转移劳动力就业、稳定农民工工作岗位、支持农民工返乡创业、助力贫困劳动力增收脱贫的重要抓手，面向广大农民工群体，开展大规模、广覆盖和多形式的职业技能培训	实施农民工职业技能提升行动	增强农村劳动力就业能力	全面改善农村劳动力就业质量
	各地要认真落实中央要求，提高培训补贴标准。农民工培训补贴资金从职业技能提升行动专账资金中列支，农民工培训数量纳入职业技能提升行动月对账统计范围	提供农民工技能培训补贴		
《人力资源社会保障部 国家发展改革委等十五部门关于做好当前农民工就业创业工作的意见》（2020年8月6日）	畅通就业求助渠道，建立健全动态更新的岗位储备机制和多方联动的快速响应机制，及时帮助农民工解决求职困难。全面放开失业登记，失业农民工可在户籍地、常住地、就业地、参保地进行登记，免费享受职业介绍、培训项目推介等基本公共就业服务，对其中大龄、身有残疾、长期失业等特殊困难的，按规定纳入就业援助范围，实施重点帮扶	为农民工提供职业介绍和就业指导		

表3-13　　2013—2023年农村劳动力就业政策目标（三）

文件名称	政策原始文本材料 （部分参考点）	初始 概念	初始 范畴	政策 目标
《国务院办公厅关于应对新冠肺炎疫情影响强化稳就业举措的实施意见》（2020年3月20日）	引导劳动者有序求职就业，及时收集发布用工信息，加强输出地和输入地信息对接，鼓励低风险地区农民工尽快返岗复工	疫情期间做好返岗复工服务	稳定和扩大外出就业规模	稳定和扩大农村劳动力转移就业规模
《人力资源社会保障部 国家发展改革委等十五部门关于做好当前农民工就业创业工作的意见》（2020年8月6日）	支持农民工通过临时性、非全日制、季节性、弹性工作等多种形式实现灵活就业，灵活就业支持政策对城镇户籍居民和农民工一视同仁	开展区域间劳务协作		
《国务院关于印发"十四五"就业促进规划的通知》（2021年8月27日）	广泛开展区域间劳务协作，健全劳务输入集中区域与劳务输出省份对接协调机制，加强劳动力跨区域精准对接，发展劳务组织和经纪人，有序组织输出地农村劳动力外出务工	支持多渠道灵活就业		
《国务院办公厅关于应对新冠肺炎疫情影响强化稳就业举措的实施意见》（2020年3月20日）	抓好春季农业生产，大力发展新型农业经营主体，组织暂时无法外出的农民工投入春耕备耕，从事特色养殖、精深加工、生态旅游等行业	疫情期间促进就地就近就业	多渠道促进就地就近就业	

续表

文件名称	政策原始文本材料（部分参考点）	初始概念	初始范畴	政策目标
《人力资源社会保障部 国家发展改革委等十五部门关于做好当前农民工就业创业工作的意见》（2020年8月6日）	大力发展农林产品加工业、农林产品物流冷链和产销对接等相关产业，推动休闲观光、健康养生、农事体验等乡村休闲旅游业健康发展	发展乡村产业吸纳就业	多渠道促进就地就近就业	稳定和扩大农村劳动力转移就业规模
《关于在农业农村基础设施建设领域积极推广以工代赈方式的意见》（2020年11月3日）	各地要在项目谋划、资金安排、工程实施中将以工代赈作为一种重要方式统筹考虑，认真做好务工组织、报酬发放和技能培训等工作，实现乡村生产生活条件改善和农村劳动力就近就业增收	推行以工代赈		

表3-14　2013—2023年农村劳动力就业政策目标（四）

文件名称	政策原始文本材料（部分参考点）	初始概念	初始范畴	政策目标
《国务院关于进一步做好为农民工服务工作的意见》（2014年9月12日）	积极支持农产品产地初加工、休闲农业发展，引导有市场、有效益的劳动密集型产业优先向中西部转移，吸纳从东部返乡和就近转移的农民工就业	吸纳返乡农民工就业	创造更多就业岗位	鼓励返乡就业创业推动乡村全面振兴

续表

文件名称	政策原始文本材料 （部分参考点）	初始概念	初始范畴	政策目标
《人力资源社会保障部 国家发展改革委等十五部门关于做好当前农民工就业创业工作的意见》（2020年8月6日）	支持返乡留乡农民工成立农民合作社、发展现代种养业和农产品初加工，鼓励发展新产业新业态，增加就业岗位	增加就业岗位	创造更多就业岗位	鼓励返乡就业创业推动乡村全面振兴
	加大以工代赈投入力度，加快推进项目开工建设，将发放劳务报酬的资金占比由10%提高至15%以上，吸纳更多返乡留乡农民工就业	吸纳返乡留乡农民工就业		
《国务院关于进一步做好为农民工服务工作的意见》（2014年9月12日）	将农民工纳入创业政策扶持范围，运用财政支持、创业投资引导和创业培训、政策性金融服务、小额担保贷款和贴息、生产经营场地和创业孵化基地等扶持政策，促进农民工创业	将农民工纳入创业政策扶持范围	加大创业支持力度	
《人力资源社会保障部关于印发农民工稳就业职业技能培训计划的通知》（2020年5月28日）	根据区域经济和人文特点，结合新经济、新业态，大力开展农民工返乡创业培训，鼓励准备创业和创业初期的农民工参加创办企业、创业实训、经营管理等课程培训，提升项目选择、市场评估、资金预测、创业计划等能力，推动返乡农民工创业	大力开展农民工返乡创业培训		

续表

文件名称	政策原始文本材料（部分参考点）	初始概念	初始范畴	政策目标
《人力资源社会保障部 国家发展改革委等十五部门关于做好当前农民工就业创业工作的意见》（2020年8月6日）	对符合条件的返乡入乡创业农民工，按规定给予税费减免、创业补贴、创业担保贷款及贴息等创业扶持政策，对其中首次创业且正常经营1年以上的，按规定给予一次性创业补贴，正常经营6个月以上的可先行申领补贴资金的50%	给予相应政策扶持	加大创业支持力度	鼓励返乡就业创业推动乡村全面振兴
《国务院关于印发国家人口发展规划（2016—2030年）的通知》（2017年1月25日）	凝聚政府与市场合力，优化环境并健全支持政策，建设一批返乡创业园区和县乡特色产业带，为外出务工人员返乡创业创造条件	建设返乡创业园区和县乡特色产业带		
《国务院关于印发"十三五"促进就业规划的通知》（2017年2月6日）	支持部分试点地区建设公共实训基地，提高培训能力；加强交通、物流、电信等基础设施建设，优化发展环境	完善农村基础设施建设	优化返乡创业环境	
《人力资源社会保障部 国家发展改革委等十五部门关于做好当前农民工就业创业工作的意见》（2020年8月6日）	加强创业载体建设，政府投资开发的孵化基地等创业载体可安排一定比例的场地，免费向返乡入乡创业农民工提供，支持高质量建设一批返乡入乡创业园（基地）、集聚区，吸引农民工等就地就近创业就业	加强创业载体建设		

```
                        政策目标
   ┌──────────┬──────────┼──────────┬──────────┐
┌──────┐  ┌──────┐  ┌──────┐  ┌──────┐
│ 加快 │  │ 全面 │  │ 稳定和│  │ 鼓励 │
│ 提升 │  │ 改善 │  │ 扩大 │  │ 返乡 │
│ 农业 │  │ 农村 │  │ 农村 │  │ 就业 │
│ 转移 │  │ 劳动力│  │ 劳动力│  │ 创业 │
│ 人口 │  │ 就业 │  │ 转移 │  │ 推动 │
│ 市民化│  │ 质量 │  │ 就业 │  │ 乡村 │
│ 水平 │  │      │  │ 规模 │  │ 全面 │
│      │  │      │  │      │  │ 振兴 │
└──────┘  └──────┘  └──────┘  └──────┘
```

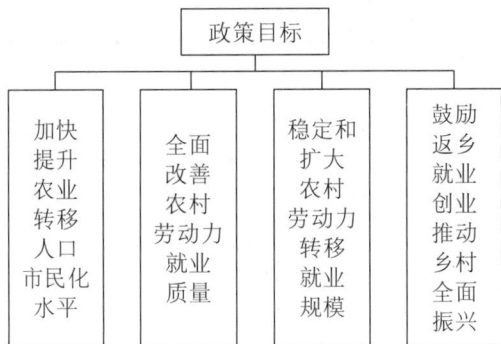

图3-3　中国特色社会主义新时代农村劳动力就业政策目标

2014年7月，《国务院关于进一步推进户籍制度改革的意见》发布，要求："完善就业失业登记管理制度，面向农业转移人口全面提供政府补贴职业技能培训服务，加大创业扶持力度，促进农村转移劳动力就业。"

2015年6月，《国务院关于大力推进大众创业万众创新若干政策措施的意见》发布，进一步强调了职业技能培训的重要性，提出："健全职业技能培训体系，加强远程公益创业培训，提升基层创业人员创业能力。"

这些措施的出台为农村劳动力就业提供了正确引导，有利于农村劳动力重视职业技能的提升，从而更好地应对中国特色社会主义新时代快速变化的就业环境。

（二）推动农村劳动力返乡就业创业

党的十八大以来，农村电商、乡村旅游、农民工创业园等蓬勃兴起。这不仅拓宽了农村劳动力的就业渠道，带动了农民增收致富，也掀起了农村劳动力返乡就业创业的热潮。农村劳动力愿意返乡就业创业，除了因为农村经济环境得到了改善，还离不开政策措施的正确引导。

多年来，国家始终坚持营造宽松的政策环境，鼓励农村劳动力返乡就业创业。2014年9月，《国务院关于进一步做好为农民工服务工作的意见》强调："引导农民工有序外出就业、鼓励农民工就地就近转移就业、扶持农民工返乡创业。"2016年2月，《国务院关于加强农村留守儿童关爱保护工作的意见》进一步指出："广泛宣传农民工返乡创业就业政策，加强农村劳动力的就业创业技能培训，对有意愿就业创业的，要有针对性地推荐用工岗位信息或创业项目信息。"

此外，国务院相继印发了《国务院关于进一步做好新形势下就业创业工作的意见》《国务院关于大力推进大众创业万众创新若干政策措施的意见》《国务院办公厅关于支持农民工等人员返乡创业的意见》等文件。这些政策的出台为农民工返乡就业创业创造了良好环境，未来会有更多的农村劳动力加入到返乡就业创业的队伍。

（三）增强劳务输出组织化程度

解决农村劳动力就业问题既需要依靠鼓励其返乡就业创业，也要认识到农村及其周边地区的就业承载能力有限。在目前的情况下，组织农村劳动力外出就业仍然是解决其就业问题的主要途径。发展农村劳务经济，推动农村劳动力利用体力、智力以及有限资金在家庭以外从事非农产业的经济活动，已成为解决农村剩余劳动力就业问题的必然趋势。自改革开放以来，劳务输出作为解决农村劳动力就业的主要方式得到了长足发展，在中国特色社会主义新时代需要进一步朝有序化和规范化方向发展。2015年4月，国务院发布《国务院关于进一步做好新形势下就业创业工作的意见》，要求："充分发挥各类公共就业服务机构和人力资源服务机构作用，积极开展有组织的劳务输出，加强对转移就业农民工的跟踪服务，有针对性地帮助其解决实际困难，推进农村富余劳动力有序外出就业和就地就近转移就业。"2017年1月，国务院印发的《"十三五"促进就业规划》提出要"建立健全劳务输出对接机制，提高劳务输出就业脱贫的组织化程度"。2018年12月，《人力资源社会保障部 财政部关于进一步加大就业扶贫政策支持力度着力提高劳务组织化程度的通知》发布，主张"聚焦解决劳务组织化程度低的问题，进一步加大就业扶贫政策支持力度"。近年来，劳务输出越来越规范，农村劳动力外出就业越来越朝有序化方向发展。

（四）出台一系列稳就业举措

疫情暴发后，为了确保国民经济的正常运转，国家大力推行"保就业"政策，以应对疫情的影响。

2020年3月，国务院办公厅下发《关于应对新冠肺炎疫情影响强化稳就业举措的实施意见》，其中对疫情下劳动力就业问题的各个方面进行了详细部署，如推动企业复工复产、优化自主创业环境、支持多渠道灵活就业，尤其是为引导农民工有序返岗复工提出了"点对点、一站式"服务。根据国家统计局的数据，截至2020年6月，农民工群体的就业状况明显改善，外出务工农村劳动力总量为1.78亿人，已基本恢复到疫情前的水平，进城农民工的失业率也有所降低，从7月的5.7%下降至8月的5.4%。

此后的3年里，国家出台了大量针对解决疫情下农村劳动力就业问题的政策，这对就业市场产生了积极影响，取得了显著效果，农村劳动力的失业问题得到了明显改善。2020年5月，人力资源和社会保障部印发《农民工稳就业职业技能培训计划》，要求"对受疫情影响出现生产经营暂时困难导致停工停业的中小微企业，组织待岗农民工开展以工代训、以训稳岗的，根据组织以工代训人数给予企业职业培训补贴"。同年8月，《人力资源社会保障部 国家发展改革委等十五部门关于做好当前农民工就业创业工作的意见》发布，以帮助受疫情影响的农民工解决所面临的就业创业困难。根据农业农村部披露的数据，截至 2022 年 6 月底，我国返乡农民工就地就近就业率已达到 90.7%。这得益于疫情期间政府各项就业政策的切实实施，就业形势才逐渐得到改善。

第六节　本章小结

在历史的长河中，中国农村劳动力对经济社会发展和人类文明进步作出了突出贡献。他们通过自己的辛勤劳动，用仅占世界 7% 的耕地，养活了世界 22% 的人口。本研究在对中华人民共和国成立 70 多年来农村劳动力就业政策的梳理过程中，不禁感慨农村劳动力在波澜壮阔的社会经济发展历程中所发挥的巨大作用；同时发现，中华人民共和国成立 70 多年以来的就业政策具有以下特征。

一、劳动力就业政策是特定时代的产物

历史唯物主义告诉我们，经济基础与上层建筑是辩证统一的。经济基础决定上层建筑，而上层建筑反过来对经济基础产生反作用。这两者相互影响、相互作用，经济基础是上层建筑产生、存在和发展的物质基础，而上层建筑是经济基础确立其统治地位、巩固和发展所必需的政治和思想条件。劳动力就业政策也不例外，它是时代特征的反映，符合当时的时代条件。例如，在 20 世纪 60 年代初，国家大规模减少城市人员，将大量劳动力从城市调往农村参与农业生产。这种引导劳动力回流

农村的举措，在当时对解决粮食困难和促进国民经济恢复发挥了至关重要的作用。再例如，自党的十八大以来，由于经济增长速度放缓、产业转移以及农村居住条件的改善，国家开始鼓励农民返乡就业创业，这也带动了农民工返乡的热潮。可以说，政策是时代的缩影，正是劳动力就业政策的不断变化使得经济发展得到进一步优化。这一政策变化是经济基础与上层建筑相互作用的体现，也是适应当时社会经济发展需求的必然结果。

二、劳动力就业政策始终服务于经济建设

70多年来，中国政府出台了一系列与农村劳动力有关的政策，涉及就业和经济领域。这些政策旨在引导农村劳动力有序就业，从而为国家经济建设作出贡献。在中华人民共和国成立初期，"一五"计划掀起了大规模的工业建设热潮，农民积极响应国家号召，踊跃参与国家建设。然而，在20世纪60年代以后，为了恢复国民经济，农村劳动力又被转移到农村从事农业生产。改革开放以来，经济建设正式被确立为党和国家的核心任务，就业政策更加注重为经济建设服务的导向。粮票制度的取消加速了人口的自由流动，城乡之间大规模的人口跨省、跨区域迁移成为现实，农民也摆脱了土地束缚。进入中国特色社会主义新时代后，为了实现经济向高质量发展的转型，国家开始鼓励农民返乡就业创业。总之，经济增长是经济社会发展的首要目标，也是创造就业机会、提高人民生活水平的基本前提和物质保证。就业是人们获得物质生活条件的重要途径。随着时代发展，就业政策和经济建设越来越相辅相成。

三、劳动力就业政策更加关注以人为本

总体而言，我国农村劳动力就业政策在服从经济建设、维护社会稳定的过程中，更加关注劳动者本身，也就是以人为本。

首先，劳动力就业政策更加注重提升劳动者的能力。自改革开放以来，国家高度重视农村劳动力的职业技能培养，尤其是进入中国特色社会主义新时代以来，农村劳动力职业技能培训明显得到加强。多项就业政策都着眼于农村劳动力的技能培训，每年培训农村劳动力两千万人次。

其次，劳动力就业政策更加注重维护劳动者的合法权益。改革开放以来，我国就业政策强调农村劳动力与城市劳动力享有平等的就业权利。尤其是随着《劳动法》《就业促进法》《劳动合同法》《中华人民共和国劳动争议调解仲裁法》的相继出台，社会主义法律体系的完善为农村劳动力维护其就业和劳动权益提供了更强有力的保障。

最后，劳动力就业政策更加注重关爱人。随着农村劳动力外出就业的持续增长，留守儿童和空巢老人问题日益突出。因此，就业政策也增加了对留守儿童和空巢老人进行关心与保护的相关内容。

第四章　我国农村劳动力就业政策
变迁的动因探究

第一节　我国农村劳动力就业政策变迁动因的解释

一、解释政策变迁的视角

通过对现代化产业体系建设进程中我国农村劳动力就业政策变迁历程的全面回顾，我们发现该政策受到多种因素的影响。除了关键事件的影响外，社会经济和政治等因素也推动了农村劳动力就业政策的演进。此外，政策变迁涉及多方利益主体和行动者在权力、思想、利益等方面的碰撞和互动，是各利益相关者不断较量和协商的结果。然而，要全面理解政策变迁的动力，还需要从更多角度进行解释。从国内外文献来看，对政策变迁的解释主要有以下几种视角：

（一）制度主义视角

制度主义认为，制度由正式结构和嵌入的规范集合体所构成，对个体行为产生着深远的影响。[①]在制度主义学派看来，政策变迁不仅取决于政治领导层的决策和外部环境的影响，更重要的是取决于政治制度和组织结构的演进。而政策变迁的原因既可以是内部的，如政府内部的权力争夺和政党之间的竞争，也可以是外部的，如社会经济发展和国际环境的变化。然而，制度主义强调的是，这些因素作用于制度，通过制度变迁进而影响政策变迁。从实践经验来看，社会变迁往往以制度变迁为表现形式，而这种制度变迁在某种程度上会影响政策变迁。实际上，政策变迁被视为制度变迁的一种基本形式，当涉及利益冲突和政策关注时，制度对政策变迁的推动作用将更加明显。[②]

（二）政策网络视角

政策网络理论认为，政策的产出受到政策部门之间构建的联盟结构的影响，这些联盟关系跨越不同的政策部门，对政策的形成和执行产生影响。[③]政策网络由各种政治、社会和经济因素交织而成，涉及政府机构、非政府组织、行业协会、专业团体等多

---

① 杨伟国，韩轶之，王静宜. 制度变迁动因研究：一个基于新制度主义的整合性分析框架 [J]. 北京行政学院学报，2023（3）：26-36.

② 陈潭. 公共政策变迁的过程理论及其阐释 [J]. 理论探讨，2006（6）：128-131.

③ HINDMOOR A. The importance of being trusted: Transaction costs and policy network theory [J]. Public Administration, 1998, 76 (1): 25-43.

个利益相关者和政策制定者。此外，政策网络包括政策制定者和执行者之间的相互关系。政策网络理论强调参与者之间的相互依赖和相互影响。政策网络中的参与者彼此联系紧密，通过信息交流、资源共享和利益协调来推动政策变迁。在政策变迁的过程中，各个参与者之间的关系常常是复杂和动态的，需要不断地协商、合作和调整。

（三）社会经济视角

政策变迁是社会经济发展的必然产物，在一个不断发展的社会中，政府为了适应社会发展的需求，需要不断制定和修改政策。国内外研究表明，社会经济变迁作为一个重要限制条件，在影响政策演变方面占有先决性地位，会对政策制定和执行等行为产生影响。[①]因此，社会经济变迁对政策制定者提出了新的挑战，要求他们密切关注社会经济变迁的动态，并及时调整和优化政策，以使其能够与新的社会经济状况相互适应。综上，社会经济状况的变动将推动政策变迁的发生。政策制定者需要不断学习和研究社会经济变迁的趋势和影响，并与各领域的专家和利益相关者进行密切沟通合作，以制定出切实可行、具有针对性的政策措施。只有这样，政策才能更好地适应社会经济发展，为社会带来更多的福祉。

（四）理性选择视角

理性选择理论强调人们主要基于自身利益的考量而作出决策。在政策变迁中，政府或决策者往往在制定政策时权衡各种利益，包括个人利益、团体利益和国家利益等。在理性选择理论的视角下，政策的变迁可以被解释为一个复杂的决策过程。

---

① 姚佳胜，方媛. 基于倡议联盟框架的我国流动儿童教育政策变迁研究 [J]. 教育理论与实践，2020，40（7）：18-22.

决策者在政策制定时会根据当前的情况和利益，综合考虑各种因素，以追求自身或团体的最大利益。理性选择理论认为，通过梳理和分析政治制度以及政策制定者和行动者采取的相关策略，可以更好地理解政策变迁的原因。①而政策变迁的原因可能包括新的需求出现、利益冲突发生、外部环境变化等。值得注意的是，理性选择理论并不排斥其他因素对政策变迁的影响，而是通过理性的思考和决策，使政策变迁更加明晰和合理。在现实中，政策的变迁常常是多方利益的交汇，也受到政策执行和社会反馈的影响。

（五）思想模型视角

思想模型是个体理解和把握外部世界的思维过程。在政策领域，思想模型是指决策者通过对外部环境及其变化的理解和把握，以确定政策变迁方向和内容的思维过程。②思想模型通过调动理念、言语以及预期行动三个要素发挥作用，并利用这些要素对决策者面临的政策问题的原型进行详细描述，进而产生政策文本。事实上，政策变迁是由思维模式对政策问题原型的内在映像和内容结构的影响所驱动。决策者可以不断调整和更新思想模型，以适应新的挑战和需求，进而推动政策的变迁和演进。

（六）理性学习视角

从理性学习的视角看，知识的创造、积累和传播对政策的制

---

① 杨代福. 西方政策变迁研究：三十年回顾 [J]. 国家行政学院学报，2007（4）：104-108.

② 杨腾原. 思想模型：解释政策变迁的一种思路 [J]. 贵州社会科学，2015（7）：122-128.

定和变迁具有重要影响。[1]政策变迁不仅是行为者策略选择的结果，其演变过程还受到行为者获取、理解和利用信息等能力的影响。一方面，在政策制定过程中，行为者通过获取和分析各种信息，不断学习和调整自己的策略，他们积累的知识和经验对于决策和政策变迁具有重要作用。另一方面，先进的知识会改变决策者对政策问题和因果关系的理解，进而影响到决策过程和政策的变化方向。当行为者彼此分享和交流知识时，相互借鉴和学习的过程也在一定程度上推动了政策的变迁和演进。不同国家和领域的决策者可以通过分享和借鉴彼此的解决方案，来应对当前面临的问题，促进政策的完善和发展。

二、政策变迁的内因-外因

政策变迁具有多种解释视角，其中除前述的六种视角外，还有一种观点认为政策变迁是内部因素和外部因素相互作用的结果，可用内外部因素之间的函数关系进行描述。其中，内部因素是指政策制定者内部的动态变化，而外部因素是指政策环境中的各种外部变量。这些内外部因素之间相互作用，共同塑造了政策变迁的复杂过程。而政策变迁作为影响结果，可能会带来一系列效益与价值，如增进民生福祉、推动经济发展、增进社会公平等。

根据理论分析和实践验证，政策变迁的发生受到内部和外部因素的共同影响。在政策变迁的过程中，内部因素和外部因素相互交织、相互作用，共同塑造政策的轨迹和方向。通过函数关系

---

① 薛澜，林泽梁. 公共政策过程的三种视角及其对中国政策研究的启示 [J]. 中国行政管理，2013 (5)：41-46.

式来描述政策变迁，可以将其表示为：①

P_i=f（I，O）

在这个关系式中，P_i代表政策变迁，I代表内部因素，O代表外部因素。其中，内部因素I主要是政策的比较利润（v），即政策成本（I_1）和政策收益（I_2）之比。比较利润的大小和方向将直接影响政策变迁的决策和执行过程。外部因素O主要包括关键事件（c）、意识形态（I）、专家和公众参与（e）、社会变革（s）、权力更迭和体制变革（p）、知识结构（k）、市场需求（m）等，外部因素一般通过对内部因素的影响来产生作用。具体而言，关键事件是指一些突发事件或重大变化，如自然灾害、经济危机、社会动荡等；意识形态则是一种体现经济形态与政治制度的思想体系；专家和公众参与是指某一专业领域的学者以及社会公众所表达的意见诉求；社会变革包括社会结构、社会价值观念等方面的变化等；权力更迭和体制变革指的是政府权力的转移和体制的变化，如政府换届、政府机构改革等；知识结构指的是行动者的知识背景和能力；市场需求指的是市场范围内的需求量和需求的波动情况。综上，政策变迁的函数关系式可以更为详细地表示为：

P_i=f（v，c，I，e，s，p，k，m，…）

该关系式有助于理解政策变迁的机制和规律，同时提醒行动者在政策制定和实施过程中需要考虑和平衡各种不同因素的影响。

政策变迁的内外部因素视角的独特之处在于，它建立了函数关系式。该关系式不仅体现了政策本身的内生性因素，还考虑到了其他外生性因素，从而不同于其他政策变迁视角。内外部变量的解释方式拓展了我们对政策变迁的理解体系，有助于更全面地

---

① 李函珂，何阳. 农业科技园区政策变迁：阶段、特征与动因——21世纪以来的政策文本分析［J］. 中国科技论坛，2021（3）：8-16.

理解政策演变的原因和影响。此外，这种解释方式为政策制定和实施提供了更准确的理论指导，可以帮助政策行动者和决策者更好地应对内外环境变化所带来的挑战。

本研究在梳理和总结政策变迁动因解释视角的基础上，结合我国现实经济状况和农村劳动力就业的基本情况，深入考察现代化产业体系建设进程中我国农村劳动力就业政策变迁的影响因素、行动者对象，分析行动机制，从而为后续厘清政策变迁的动因提供理论支持。

第二节　我国农村劳动力就业政策变迁动因探究

本研究综合运用多源流理论、政策学习理论、政策变迁的六种视角以及内因-外因等理论，对现代化产业体系建设进程中我国农村劳动力就业政策变迁的动力因素进行分析。

我国农村劳动力就业政策变迁同时受到外生性变量和内生性变量的影响，是二者相互作用的产物。其中，内生性变量作为推动农村劳动力就业政策变迁的核心变量，对政策变迁的具体内容和方向起着关键作用。外生性变量则包括政治、经济形势等因素，需要内化为推动政策变迁的动力。同时，政策的制定和变迁离不开政府、专家、科研人员等行动者，他们形成了一个政策网络（或称行动者网络）。其中，由科研人员等组成的政策活动家会发现一些政府未关注到但对民生福祉具有重要影响的问题，并将这些问题反馈给政府或相关决策者，从而使得这些问题得以提上政策议程，以推动政策变迁。可见，行动者在政策制定和变迁过程中发挥着特殊作用。因此，为了更深入探索行动者在政策变迁中的作用和影响，本研究将对若干行动者因素进行详细分析。

此外，本研究将对打开机会之窗的因素进行深入分析，包括待解决问题的发生、政策效果的反馈、政策活动家的推动和政府的理性选择等。需要说明的是，上述几类因素存在相互重叠关系，故本研究不对这些因素进行大类划分。

一、关注指标的变化

根据多源流理论，问题之窗的开启受到问题源流变化的影响。[①]问题源流变化中的一种是受到社会广泛关注的指标发生了改变，如大气污染程度加剧以及人口老龄化加重等。这些指标的变化会引起人们对异常现象的关注，进而深入探究其背后存在的问题及原因。就农村劳动力就业而言，过去人们关注的重点是就业数量。然而，随着社会发展和经济转型，政府和社会开始关注就业质量。党的二十大报告指出："强化就业优先政策，健全就业促进机制，促进高质量充分就业。"而通过职业技能培训增强农村劳动力就业能力是改善其就业质量的重要途径。因此，原农业部[②]等部门于 2003 年 9 月联合下发《2003—2010 年全国农民工培训规划》，提出要逐步扩大培训规模，2003—2005 年对拟向非农产业和城镇转移的 500 万名农村劳动力开展职业技能培训，并对已进入非农产业就业的 5 000 万名农民工进行岗位培训，2006—2010 年则对拟向非农产业和城镇转移的 3 000 万名农村劳动力开展职业技能培训，并对已进入非农产业就业的 2 亿多名农民工开展岗位培训。此外，2010 年 1 月，《国务院办公厅关于进一步做好农民工培训工作的指导意见》发布，人力资源和社会保障部则分别于 2020 年 5 月

---

① 干咏昕. 政策学习：理解政策变迁的新视角 [J]. 东岳论丛，2010，31（9）：153-156.

② 2018 年改为农业农村部。

和 2023 年 12 月出台了《人力资源社会保障部关于印发农民工稳就业职业技能培训计划的通知》《人力资源社会保障部办公厅关于加强农民工职业技能培训工作的意见》，这些政策均聚焦于农民工的职业技能培训。

在具体操作层面，原农业部等六部委于 2004 年联合发起了"农村劳动力转移培训阳光工程"，鼓励和支持有条件的各类教育培训单位开展农村劳动力转移培训工作，培训经费由政府和农民个人共同分担。阳光工程以短期的职业技能培训为重点，以将受训农村劳动力转移到非农领域就业为目标。同时，人力资源和社会保障部于 2014 年发起了农民工职业技能提升计划——"春潮行动"。"春潮行动"有三大主要任务：一是就业技能培训，主要帮助农村劳动力提升就业能力和职业素养；二是创业培训，主要通过创业培训机构提供创业培训和支持，鼓励和引导农村劳动力积极创业，从而实现自主就业；三是岗位技能提升培训，主要向符合条件的农村劳动力提供高技能水平培训，提升其在工作岗位上的技能水平和职业发展。从实践结果来看，"十三五"时期，全国接受补贴性职业技能培训的农民工超过 4 000 万人次。①

此外，无论是《"十四五"就业促进规划》还是党的二十大报告，都强调要实现高质量充分就业。这也成为各省就业工作的重要指导思想。以贵州省为例，为推动农村劳动力高质量充分就业，省政府提出以县为单位将农村劳动力外出务工组织化程度提高到 70% 以上，推行终身职业技能培训制度，推进职业技能培

---

① 李心萍. 持续壮大高技能人才队伍 [N]. 人民日报，2022-12-07（13）.

训东西部协作，实施"技能贵州"行动。①可见，受到广泛关注的就业指标的变化会开启"问题之窗"，从而推动我国农村劳动力就业政策的变迁。

二、关键事件的发生

政策变迁受待解决问题的影响，其中涉及一种特殊化的情景，即关键事件的发生。关键事件通常发展迅速且备受舆论关注，有时甚至会引发公众对现行政策的信任危机。关键事件会吸引政府和社会的广泛关注，进而推动政府解决潜在问题并将政策问题纳入议程。在我国农村劳动力就业政策变迁过程中，关键事件也是重要推动力之一。

政策变迁是政府决策的常态，而关键事件往往是政策变迁的推动因素。关键事件引发政策变迁的原因在于目前政策显现出失灵迹象，难以继续有效指导各项行动。这对国家和政府提出了新的挑战和要求，促使政府尽快将调整或更新政策纳入议程。此外，关键事件作为对社会产生重要影响的事件，会引发广泛关注和讨论，从而反映出政策与当前环境之间的不一致性和政策变迁的紧迫性。因此，政府及时调整政策至关重要，因为关键事件通常会暴露出现行政策的不足和失效。只有深入理解和解决关键事件背后的问题，政府才能制定出更适当、有效的政策，以更好地应对当前的挑战和需求。综上所述，政策制定者和决策者应及时关注关键事件，深入理解关键事件所揭示的问题，并据此调整政策内容；通过制定适应当前实际情况的新政策，实现政策变迁。

---

① 中国政府网. 贵州开展促进居民增收三年行动［EB/OL］.（2022-06-16）［2024-02-25］. https://www. gov. cn/xinwen/2022-06/16/content_5695971.htm.

三、待解决问题的发生

政策变迁的发生受到问题源流、政策源流、政治源流的共同作用，三者相互交织共同塑造了政策变迁的机会。政策变迁过程可以被视为一个"机会（政策）之窗"开启和关闭的过程。"机会之窗"的开启取决于由各种待解决问题组成的"问题之窗"的打开或政治源流中促进政治事件发展的"政治之窗"的打开。于"问题之窗"而言，中华人民共和国成立以来农村劳动力就业所面临的各种紧迫问题在一定程度上推动了"问题之窗"的开启，包括农村剩余劳动力转移、乡村凋敝、农村产业结构升级等问题。各种待解决问题的出现提升了政策制定者和社会各界对农村劳动力就业问题的关注度，也激发了政策制定者解决问题的迫切愿望和决心，并促使其根据实际情况制定相关政策。

例如，中华人民共和国成立初期大量农村劳动力涌入城市，增加了城市负担。为减轻城市压力，国家出台了限制人口流动和劝止农民盲目进城就业的政策。具体而言，20世纪50年代中国广大农村地区存在严重的劳动力过剩问题。随着"一五"计划的启动和国民经济的恢复，农村劳动力进入城市就业的愿望日益强烈。这一现象反映了当时农村劳动力对城市生活和就业机会的强烈渴望，也凸显了政府在人口流动管理方面面临的挑战。在这种情况下，政府陆续颁布了控制人口流动的政策和相关措施，以限制农民盲目流入城市。其中，1952年制定的《关于解决农村剩余劳动力问题的方针和办法》指出："农村剩余劳动力应靠发展多种经营，就地吸收转化，防止其盲目流入城市，增加城市的负担。"从1953年起，我国相继出台了《关于劝止农民盲目流入城市的指示》等政策，对农村劳动力盲目涌入城市的情况加以劝止。1956年和1957年，国家出台了《关于防止农村人口盲目外流的指示》等政策，以加强对农村劳动力外流的限制。同时，为进一步解决农村人口盲目入城造成的各种问题，并配合第一届全国人大代表选举，国家于1953年出台了《全国人口登记办法》。1958年1月，国家又颁布《中华人民共和国户口登记条例》，第一次明确将城乡居民区分为"农业户口""非农业户口"两种不同户籍。这些政策措施的出台限制了农村人口的盲目流动。

此外，社会主义市场经济体制的发展和乡镇企业的兴起引发了对农村劳动力的需求，从而衍生出了引导农村劳动力有序流动和推动小城镇建设的政策体系。具体而言，党的十四大之后，我国经济体制改革逐渐朝社会主义市场经济体制靠拢，城市中劳动密集型产业对劳动力的需求急剧增加。大量农村劳动力前往城市寻找工作，形成了"民工潮"。为应对"民工潮"带来的问题，国家出台了相关政策引导农村劳动力有序流动。例如，1993年颁布的《农村劳动力跨地区流动有序化——"城乡协调就业计划"第一期工程》提出要建立劳动力跨地区流动的基本制度、市场信息系统和服务网络，以实现农村劳动力流动的有序化。此后，国家发布了《小城镇综合改革试点指导意见》等一系列文件，以促进小城镇和乡镇企业的发展，进而带动农村劳动力就业。近年来，为了保障粮食和重要农产品稳定安全供给，我国产生了引导农村劳动力返乡就业创业的政策体系。①总体而言，在解决问题和应对挑战的过程中，政府制定了一系列政策措施来引导和规范农村劳动力的流动与就业，以推动经济社会高质量发展。

---

① 赵迪，罗慧娟. 我国农村劳动力就业政策的演进与展望 [J]. 农业农村部管理干部学院学报，2021（3）：80-85；41.

四、政策学习的需要

根据学者彼得·A.霍尔（Peter A. Hall）的观点，政策学习就是政策行动主体根据过去的政策经验和新信息，调整政策目标或他们对政策发展的认知和理解的过程。[1]一般而言，政策学习的行动主体既包括政府机构、利益共同体、倡导联盟等团体和组织，也包括官员、学者和利益相关者等个体。[2]政策学习为政策制定者和执行者提供了一个持续学习和改进的机制。它对改进政策效果、促进政策创新、适应社会变化、增强政策决策的科学性和促进政策的可持续性均具有重要的意义。因此，国家和政府应积极进行政策学习，以便在面临突发或陌生的难题时，能够吸收和理解新信息，从而调整和改进政策的目标、技术和方法，以不断适应和应对不断变化的需求与挑战，最终实现政策的持续改进和完善。

政策学习影响政府政策的制定，对我国农村劳动力就业政策的更新迭代起着重要作用。作为全球农村人口最多的国家之一，我国拥有广阔的农村地区和丰富的农村劳动力资源。但是，我们也应该看到，目前我国农村劳动力的实际就业状况与充分就业尚存在较大差距，而根源在于农村劳动力与有限土地资源之间的矛盾，二者无法充分结合。[3]农村劳动力还存在劳动生产率低下的

---

① HALL P A. Policy paradigms, social learning, and the state: The case of economic policymaking in Britain [J]. Comparative Politics, 1993, 25 (3): 275-296.

② 杨宏山，孙成龙，周昕宇. 政策学习的议题情境与组织模式——以国家"十四五"规划编制为例 [J]. 中国人民大学学报，2023，37 (2): 14-26.

③ 刘洪银. 中国农村劳动力非农就业：效应与机制 [M]. 天津：南开大学出版社，2014.

问题，这不利于农村生活水平的提高和经济社会的可持续发展。此外，不同区域的生产条件和劳动力素质存在差别。政府若想实现农村劳动力充分就业、提高劳动生产率等目标，则需要借鉴其他区域的成功经验，以修正自身对于农村劳动力就业问题的认知，并根据本地实际情况制定出合适的政策。根据查尔斯·R.斯潘（Charles R. Shipan）和克雷格·沃尔登（Craig Volden）提出的政策变迁动因四大机制可知，政策变迁受向早期采用者学习、邻近城市间的经济竞争、效仿大城市的政策以及州政府的强制实施的影响。①我国农村劳动力就业政策变迁过程也或多或少地借鉴了他国经验。特别是发达国家在职业教育方面的经验，对于我国农村劳动力就业能力提升相关政策的出台具有重要借鉴价值。②此外，理查德·罗斯（Richard Rose）曾提出"教训-汲取"这一政策学习概念。③它描述了一个国家的项目和政策被其他国家效仿并在全球传播的过程，强调了国家之间通过相互学习和借鉴他国经验来改善自身政策的重要性。这种现象表明国际社会在政策领域的相互交流和合作愈发密切，这为各国提供了学习和汲取经验的机会，有利于推动全球范围内政策的不断创新和发展。而我国农村劳动力就业政策的公共权利主体正是认识到了政策学习的价值，才通过积极学习来完善自身关于农村劳动力就业的相关政策，从而推动了政策变迁的发生。

例如，随着对农村劳动力认识的深入和重视程度的提高，我国政府逐渐意识到农村劳动力职业技能培训的重要性。为此，我国政府积极借鉴美国、德国等发达国家的经验，以改进我国农村

---

① SHIPAN C R, VOLDEN C. The mechanisms of policy diffusion [J]. American Journal of Political Science，2008，52（4）：840-857.

② 胡原，李婕，高鸣. 职业教育提升农民就业创业能力：国际经验与政策启示 [J]. 世界农业，2023（7）：5-13.

③ 干咏昕. 政策学习：理解政策变迁的新视角 [J]. 东岳论丛，2010，31（9）：153-156.

劳动力职业技能培训体系。美国在农民工职业技能培训方面颁布了《莫雷尔法案》等法案。①这些法案保证了职业培训的有序开展，形成了完备的就业培训体系。其中，《岗位培训合作法案》规定，提供给农村劳动力的"培训项目主要为基础技能培训、职业技能培训和支持性服务"，"国家收入基金直接向国家批准的长期项目拨款，该资金用于服务、教育、培训和项目管理，并要求资金不少于上一年度的所得"。在政策学习的基础上，我国于1990年颁布《中共中央关于制定国民经济和社会发展十年规划和"八五"计划的建议》，强调"大力开展职业培训，改革就业制度""实行多种经营""发展乡镇企业"。在2014年出台的《国务院关于进一步做好为农民工服务工作的意见》强调"实施农民工职业技能提升计划。加大农民工职业培训工作力度，对农村转移就业劳动者开展就业技能培训""完善和落实促进农民工就业创业的政策。引导农民工有序外出就业、鼓励农民工就地就近转移就业、扶持农民工返乡创业"。

同时，为适应中国特色社会主义新时代对农村劳动力的新要求，我国于2017年出台《国务院关于做好当前和今后一段时期就业创业工作的意见》，强调要建立"互联网+"公共就业创业服务平台，开展新生代农民工职业培训，拓宽新生代农民工就业创业渠道，推动农村劳动力有序外出就业。这体现了我国对农村劳动力就业问题的认识不断深入，并通过对他国成功经验的学习借鉴，不断更新和完善相关政策；同时，注重结合自身实际情况，将农村劳动力职业技能培训的成功经验融会贯通、贯彻到底，并随着时间的推进不断进行优化与更新，从而逐步完善了我国农村劳动力职业技能培训体系。

---

① 赵琳. 菏泽市农民工就业培训问题研究 [D]. 合肥：安徽大学，2017.

五、政策效果的反馈

在现代化产业体系建设进程中，我国农村劳动力就业政策变迁一直伴随着三条源流的交汇。"政策源流"作为三源流之一，被视为打开"机会之窗"的必不可少的一环。"政策源流"指的是政府机构、专家学者、利益相关者等不同主体经过研究和分析后提出的针对特定问题的政策建议和建议性意见，包括形式多样的政策主张、政策意见以及建议等。①此外，"政策源流"的重要组成部分包括政策实施后所得到的反馈效果，这也是我国农村劳动力就业政策变迁的主要动因之一。

政策效果的反馈包括政策实施中的数据收集、评估和分析等环节。政府可以通过调查研究、统计数据以及定期报告等方式，对政策的实施情况和效果进行监测与评估。这些反馈手段可以为政策的调整与改进提供指导，以帮助政府全面了解政策的实际影响和存在的不足之处。农村劳动力就业政策的效果反馈在政策制定和调整过程中扮演着重要角色。通过政策效果反馈，政府能够及时了解就业政策对农村劳动力就业的影响，同时能听取农村劳动力对政策的建议和意见，进而根据实际情况作出相应的政策调整和改进。这一反馈机制可以提升政策的针对性和有效性，进而增强农村劳动力就业政策的实施效果。

例如，1978年农村经济体制改革后，城市对劳动力的需求大幅增加。因此，我国政府陆续出台了一系列政策，以放松对农村劳动力入城的限制。如《中共中央关于一九八四年农村工作的通知》就对农民自理口粮进城务工、经商持支持态度。在此基础上，农村劳动力大量涌入城市就业并形成"民工潮"。"民工潮"

---

① 尹云龙. 基于多源流理论视角的我国扶贫政策变迁动力模式研究 [J]. 学术交流，2019（1）：126–136.

增加了农民工收入，为城市和企业带来充足劳动力。根据抽样调查估算，湖南、湖北、江西、安徽、河南、四川6个省份的外出农民工在1992年共创造了高达280亿元的劳务收入。①不过，"民工潮"也给社会带来了不稳定因素。

在接收到"民工潮"正面和负面影响的反馈后，我国政府开始调整相关政策。为了维护社会秩序和公共安全，我国政府颁布了一系列政策，以加强对农民工流动的引导和管理，期望农村劳动力有序进城。1989年，《国务院办公厅关于严格控制民工盲目外出的紧急通知》强调"各级人民政府要加强对外出民工的管理工作……要控制民工盲目外出和大量集中外出"。1989年4月，《民政部、公安部关于进一步做好控制民工盲目外流的通知》进一步指出要"采取有效措施严格控制当地民工盲目外出"。1991年，《国务院办公厅关于劝阻民工盲目去广东的通知》发布，再次对农村劳动力盲目流动的问题进行强调。此后，"民工潮"乱象得到明显改善。可见，农民工进城就业政策实施情况的反馈，推动了农村劳动力就业政策的变迁。

值得注意的是，我国农村劳动力就业政策变迁的路径不是线性推进的，而是在政策反馈中不断调整优化，呈现出相互替代、相互叠加的推进路线。②比如，中华人民共和国成立初期，我国农村劳动力就业政策在限制性与放宽性方面形成互补。正如前文所述，我国政府一方面出台了限制性政策，以控制农村劳动力的盲目流动；另一方面放宽对农村劳动力流向用工紧缺行业的限制。两类政策形成互补态势，有利于政策体系取得更好的执行效果。在改革开放时期，相关政策一方面限制农村劳动力进入城市

---

① 张兴杰，王骊. 论"民工潮"的积极作用和消极影响 [J]. 经济体制改革，2001（4）：55-59.

② 赵迪，罗慧娟. 我国农村劳动力就业政策的演进与展望 [J]. 农业农村部管理干部学院学报，2021（3）：80-85；41.

务工经商，另一方面鼓励发展乡镇企业来吸收农村剩余劳动力。
这些探索为我国农村劳动力就业政策体系的成熟与完善打下了坚
实基础，对促进农村经济的健康发展产生了显著而积极的影响。
在中国特色社会主义新时代，相关政策一方面着眼于解决农村劳
动力市民化问题，积极推动城市化进程；另一方面致力于为农村
劳动力提供培训和创业支持政策，鼓励农村劳动力返乡就业创
业，以推动农村经济和社会的稳定发展。

六、利益相关方博弈

公共政策的制定和实施涉及多方利益主体，包括政府、企
业、民间组织和公众等。因此，政策制定的过程也是一个博弈过
程，各利益主体会为了争取自身利益而进行竞争、合作与妥协。
其中，政府作为公共权力机构，扮演着非常关键的角色。它不仅
是政策的制定者和执行者，同时是协调不同利益方冲突的调停
者。一项政策的制定需要政府综合考虑政策变迁的时机、可行
性、行为等方面，并平衡多方利益主体的需求，以确保政策科
学、合理、可操作。在政策实施过程中，我国应当遵循公正、公
平、公开原则，并根据实际情况和反馈信息对政策进行调整和优
化。然而，在政策制定过程中，决策者常常陷入权衡不同利益相
关者诉求的困境中，导致难以兼顾政策制定的渐进性和灵活性。
这就要求政策制定者在充分了解和尊重各方利益主体的基础上寻
求妥协与平衡，在密切关注社会反馈和实际效果的基础上及时调
整和优化政策，以确保政策的有效性和公共利益的最大化。此
外，政策制定者应注重以服务社会大众的利益为导向，推动公共
政策的制定和实施。

解决农村劳动力就业问题是一项重要而艰巨的任务，涉及多
方利益主体的协调。就业政策的制定需要政府进行有序调控和合

理统筹,以平衡个人、企业和社会的利益,从而促进农村劳动力就业和发展。若政府未能实现全面统筹和平衡,就可能对社会大众造成负面影响,降低公众对就业政策的满意度,从而阻碍就业政策的有效落实和推进。具体而言,在就业政策制定过程中,政府需要在充分考虑各利益主体的需求、权益和利益关系的基础上,确保就业政策的公正性和可行性,并避免政策制定失衡导致某些群体或利益受到不公平待遇,引发社会不满和不稳定的局面。此外,就业政策的有效实施需要社会大众的支持和参与,只有充分保障各主体的利益才能减少公众对政策的反感与抵制。综上,农村劳动力就业政策的制定和执行离不开政府对整体情况的全面把握,要求政府充分考虑各利益主体的意见和诉求,以确保政策能够在复杂的利益关系中得到广泛认可。同时,政府要坚持以实现效率和公平相统一为原则,推动农村劳动力的有序充分就业。

以农村劳动力就业中的劳动者权益保护政策为例,2006年出台的《国务院关于解决农民工问题的若干意见》提出要"大力发展乡镇企业和县域经济,扩大当地转移就业容量……积极发展就业容量大的劳动密集型产业和服务业""引导相关产业向中西部转移,增加农民在当地就业机会"。该政策在一定程度上引导了农村剩余劳动力有序转移就业,有助于促进社会经济的持续发展。然而,尽管该政策从宏观上强调了要消除就业歧视和促进就业,但缺少一套能够协调各利益主体诉求的方案,因此政策的实施效果并不尽如人意。为更好地保障农村劳动力的劳动者权益,国家完善了相关法律,在协调利益关系方面出台了更为详细的政策。比如2007年第十届全国人民代表大会常务委员会第二十九次会议通过的《就业促进法》,在完善农村劳动力就业政策的基础上增加了对企业和个人支持政策的补充。其中,第十条规定:"各级人民政府和有关部门对在促进就业工作中作出显著成绩的单位和个人，给予表彰和奖励。"第十七条规定："国家鼓励企业增加就业岗位，扶持失业人员和残疾人就业，对下列企业、人员依法给予税收优惠。"第十九条规定："国家实行有利于促进就业的金融政策，增加中小企业的融资渠道；鼓励金融机构改进金融服务，加大对中小企业的信贷支持。"这些就在一定程度上满足了企业、个人等主体的利益诉求，有助于推动政策的顺利实施并获得良好结果。一方面，该政策为企业发展提供了便利，将促使企业为社会提供更多就业岗位；另一方面，农村劳动力的利益得到有效保障，提高了农村劳动力的就业积极性和就业率。可见，在农村劳动力就业政策制定和实施过程中，各相关主体围绕利益结构的博弈发挥了至关重要的作用。

七、政府的理性选择

三源流之一的"政治源流"可以推动"机会之窗"的开启，从而进一步促进政策变迁的发生。"政治源流"包括选举结果、执政理念、公民情绪变化、权力分配格局与政治形势等内容。[①]它反映了政治形势和背景状况，对政策的制定和变迁产生重要影响。政治源流的变化可以理解为政治力量和政策动向的变化。一旦政治力量转移或政策方向改变，就会为农村劳动力就业政策带来新的机遇和推动力。其中，政府的理性选择是推动农村劳动力就业政策变迁的关键动因之一。政府在制定和调整农村劳动力就业政策时会考虑多种因素，如经济发展需求、社会稳定要求以及

① 魏淑艳，孙峰．"多源流理论"视阈下网络社会政策议程设置现代化——以出租车改革为例［J］．公共管理学报，2016，13（2）：1-13；152．

民众期望等。同时，政府会考虑实际情况和目标需求，评估各种可能的选择与后果，基于科学、客观的方法进行理性思考和决策，从而选择适合解决农村劳动力就业问题的政策措施。总之，政府的理性选择要求政府在结合政治形势综合考虑多方面因素的基础上进行政策制定。

就我国农村劳动力就业政策而言，政府的理性选择在推动政策变迁方面发挥着关键作用。中华人民共和国的成立是中国农村发展史上的重要节点，它标志着农村建设和发展进入了一个新的阶段。初期，土地改革释放了大量农村劳动力，农村地区面临劳动力过剩和劳动生产率低下的困境。随后，为了发展社会经济，实现"一五"计划，政府开始引导农村劳动力"计划入城"，但不在计划内的农村劳动力被视为"盲目流动"，并出台《中华人民共和国户口登记条例》，对农村劳动力向城市的流动进行管理。随着改革开放的推进，政府重新审视就业政策，将农村劳动力看作"可开发的劳动力资源"，逐渐放开了对农村劳动力进城的限制，并引导其有序流动，从而促进了城市经济的发展。近年来，为了乡村振兴和农村创新创业的需要，政府将农村劳动力与城市居民平等对待，这激发了乡村产业活力，推动了农村人才振兴，促进了社会经济的可持续发展。农村劳动力就业政策能够适应不同时期社会政治和经济挑战的要求，离不开政府的理性选择。

综上所述，政府的理性选择是推动农村劳动力就业政策变迁的关键动因之一。

八、政策活动家的推动

多源流理论用于分析政策制定过程中的不同影响因素。该理论包括问题源流、政策源流、政治源流、机会之窗和政治企业家五个部分。政策企业家是指愿意投入各种资源、时间和精力，为了达成某个目标或实现某种收益而努力的个人。①通常情况下，政治企业家被认为是政策源流中的关键行动者和政策倡导者，同时是推动不同源流融合和政策窗口开启的驱动者。他们在政策的产生、推动和实施中扮演着至关重要的角色，常常以坚韧不拔、锲而不舍的奋斗精神为人所知，致力于投入全部精力以确保政策顺利出台。他们的努力和贡献为政策的有效实施和落地提供了坚实支撑。值得注意的是，一些学者认为在中国情景下，"政策企业家"这一术语可能并不准确，而"政策活动家"这一术语更为合适。②具体而言，中国的政治体制和文化背景与西方国家存在差异，导致政治活动的方式和形式呈现出独特特点。在实际政治实践中，中国政治参与者的角色和行为模式有着自己独特的发展轨迹和特征。例如，人大代表、政协委员、科研人员等被视为政策活动家的典型代表，他们同样会积极投入各种资源来推动政策变革。由此可见，"政策活动家"这个概念是从"政策企业家"衍生而来的，更符合中国的特殊情境。本研究后续也将采用"政策活动家"这一术语代替"政策企业家"来进行进一步分析。

政策活动家在政策变迁过程中扮演着至关重要的角色，他们善于抓住机遇，推动"机会之窗"的打开，并促进三条源流的汇合。所谓"机会之窗"，指的是一个有限时间内的机遇窗口，只有在这个时间段内，某个问题或议案才有可能被纳入讨论范畴。然而，快速变化的政治和社会环境对这个机遇窗口的

---

① 金登. 议程、备选方案与公共政策（中文修订版）[M]. 丁煌，方兴，译. 2版. 北京：中国人民大学出版社，2017.

② 杨志军. 从垃圾桶到多源流再到要素嵌入修正——一项公共政策研究工作的总结和探索 [J]. 行政论坛，2018，25（4）：61-69.

影响很大，窗口开启的时间是有限且短暂的，而且窗口关闭的时间通常是无法确定的。一旦"机会之窗"关闭，政策议题就很难再重新被列入议程，政策制定者也将面临更加严峻的挑战。因此，在"机会之窗"开启的时刻，政策活动家必须迅速行动，紧紧抓住机会，推动政策的制定和出台，促进政策变迁的发生。

当一些问题被反映给政府部门并引起政府高度重视时，政府会进行深入研究和分析，将其转化为相应的政策文件。就我国农村劳动力就业政策而言，人力资源和社会保障部、农业农村部等相关部门及其官员被视为政策制定过程中重要的参与者。此外，科研人员被视为主要的影响者。这些政策活动家在抓住政策议题、推动政策出台和政策演变中起着不可替代的作用。例如，电子商务兴起后，一些学者看到了发展农村电子商务对于农村农业的重要作用，并开始对此进行研究。[①]而政府也关注到了这一点，并在 2005 年的中央一号文件中首次提及电子商务。此后，相关学术研究文献不断增多，政府的重视程度也日益增强，二者产生双向互促作用。2016 年 12 月，商务部、中央网信办和发展改革委联合发布的《电子商务"十三五"发展规划》明确提出，积极发展农村电子商务，开展电子商务进农村综合示范。这在很大程度上推动了农村电子商务的发展。据统计，2018 年，全国农村网络零售额达到 1.37 万亿元，同比增长 30.4%；全国农产品网络零售额达到 2 305 亿元，同比增长 33.8%；农村网络销售吸

---

① [1] 李国敬. 加快农村电子商务发展的几个问题 [J]. 山东省农业管理干部学院学报，2004（4）：45-46. [2] 孙百鸣. 我国农村电子商务发展初探 [J]. 北方经济，2005（10）：37-38.

纳了 2 800 万名农民就业。①2023 年，全国农村网络零售额达 2.5 万亿元，比 2014 年增长近 13 倍；全国农产品网络零售额达 5 870.3 亿元，同比增长 12.5%。农村电商发展潜力巨大，成为带动就业创业的重要载体。②农村电子商务发展取得的巨大成效进一步激发了学者们的研究兴趣，从而产生了更多的研究成果，这为政策的出台奠定了重要基础。2024 年 3 月，《商务部等 9 部门关于推动农村电商高质量发展的实施意见》出台，有利于更好地发挥农村电商在促进农民就业和农村产业发展方面的积极作用。

此外，还存在一些未能引起决策者关注的问题，但这并不意味着这些问题不重要。相反，这些问题需要政策活动家（如科研人员）来发现并提出相应建议。例如，科研人员研究发现，我国新生代农村劳动力就业培训存在培训效果不明显、供需不平衡③、政府管理缺位、投入不足④等问题。为了提高培训质量，他们向政府、社会、单位和个人提出相关建议，以期提升新生代农村劳动力的就业能力。这些建议有望为解决当前培训体系中所存在的问题提供有益的指导和参考。此外，学者张毓龙和刘超捷指出农民工面临基础教育资源分配不合理的情况，并建议对农民工提供职业培训，以促进农村劳动力就业和社会公平。⑤该问题值得深入关注和研究，以寻求政策层面的解决途径。由此可见，

---

① 李浩燃. 激活农村电商的致富潜能 [N]. 人民日报，2019-02-28（5）.

② 楼纯. 2023 年快手农产品订单量超 13.6 亿，同比增长 56% [N]. 钱江晚报，2024-05-11.

③ 李彤. 中国现阶段农民工培训的供需均衡分析 [D]. 济南：山东大学，2012.

④ 霍玉文. 新生代农民工培训的障碍因素分析及对策探究 [J]. 河北师范大学学报（教育科学版），2012，14（3）：62-67.

⑤ 张毓龙，刘超捷. 农民工职业培训：教育的积极补偿 [J]. 南通大学学报（社会科学版），2020，36（6）：123-128.

政策活动家在很大程度上推动了农村劳动力就业问题中相关政策议题的捕捉和聚焦，为政策变迁开启了"机会之窗"，他们的努力为推动政策进步注入了活力。

第三节　我国农村劳动力就业政策变迁的动力机制

一、多源流动力机制

从上述分析可以看出，现代化产业体系建设进程中我国农村劳动力就业政策的变迁不仅受到外部政治和经济环境等的影响，还受到各种利益主体和行动者的影响。基于金登的多源流理论，政策制定者或行动者在发现某一紧迫问题的解决办法，或意识到一些有利可图的政策建议后，就会将这些问题或政策建议纳入政策议程。而后在"政策窗口"开启时，这些问题或政策建议经过制定、讨论、修改并最终确定为可行的新政策，从而完成政策变迁过程。具体而言，在我国农村劳动力就业过程中，一些关键事件或待解决问题引起政府关注，而未得到政府关注的问题需要其他利益主体和行动者投入资源和时间，以促使决策者关注该问题并将其纳入政策议程。在政策议程中，政府官员与其他利益主体对关注的问题进行编目，并共同等待"政策之窗"的开启。①窗口的开启一方面有赖于问题源流、政策源流和政治源流的汇合，另一方面离不开政策活动家的推动。在我国农村劳动力就业政策变迁过程中，受关注指标、关键事件、待解决问题等是问题源流

---

① 金登. 议程、备选方案与公共政策（中文修订版）[M]. 丁煌，方兴，译. 2版. 北京：中国人民大学出版社，2017.

的重要组成部分；政策学习的需要、政策效果的反馈等共同组成了政策源流；利益相关方博弈、国民情绪等共同组成了政治源流。政策活动家密切关注以上因素，推动三条源流的汇合，并成功开启政策变迁的窗口。

二、学习-互动机制

学习是一种行为或思维层面的持久变化[①]，其本质反映了个体拥有的自我意识和超越能力[②]。学习行为在政策领域的表现被称为政策学习，指的是各主体为提高政策水平而进行的各种学习活动。[③]就我国农村劳动力就业政策变迁而言，政策学习的来源包括政府自身的经验与试验。比如，在2006年，国家开展农村劳动力平等就业试点工作，从而为后续相关政策的出台积累了经验。政策学习也从国际社会的经验教训中汲取启示。例如，在制定职业培训政策时，我国从美国相关培训法案中获得了启发。需要注意的是，政策学习过程也是各主体围绕政策和其基本规律相互学习的过程。尽管一些学者认为我国政策学习的主体是中央和地方政府[④]，但在实际情况中，政策学习涉及中央和地方党政机关、社会大众、专家和其他利益集团之间的互动。因此，学习机制本质上是一种"上下互动"的机制。一方面，这种互动机制包括了中央政府主动发起的政府学习活动，如2000年3月原劳动和

① 原献学. 组织学习管理 [M]. 海口：南海出版公司，2003：49.

② 桑新民. 步入信息时代的学习理论与实践 [M]. 北京：中央广播电视大学出版社，2000.

③ 蔡胜. 政策学习视角下中国社会组织政策变迁研究——基于185份政策文本的NVivo分析 [D]. 上海：华东政法大学，2021.

④ 任星欣，余嘉俊. 改革开放以来的政策学习：以城镇土地使用政策变迁为例 [J]. 公共管理评论，2016（2）：37-49.

社会保障部①、原国家发展计划委员会②、原农业部和国务院发展研究中心等有关部门在北京联合召开的农村就业促进政策高级研讨会。另一方面，这种互动机制包括政府与政府之间、政府与社会之间的相互学习。

三、制度-市场机制

在外部制度因素影响和内部市场机制推动下，政策变迁不时发生。随着报酬递增诱发的利益集团的形成，制度通常呈现出刚性特征，因此需要政府进行强制性干预，以优化那些不完善且难以调整的制度。③在改革开放和社会主义市场经济改革的深入推动下，国家必须不断调整和完善各项政策，以适应市场发展所带来的新要求。以我国农村剩余劳动力就业政策为例，虽然国家已对户籍制度和其他相关制度进行了完善，但在农村劳动力的职业素质、就业权益和就业服务方面仍存在不足之处。在我国经济转型升级的背景下，市场对农村剩余劳动力数量需求减少和农村劳动力转移就业质量要求提高的双重挑战，要求政府不断完善制度保障体系并优化相关政策。因此，2020年8月，《人力资源社会保障部　国家发展改革委等十五部门关于做好当前农民工就业创业工作的意见》强调要"指导督促企业依法招工用工，加强农民工劳动保障权益维护，依法严厉打击恶意欠薪等违法行为"。2023年1月，《人力资源社会保障部等9部门关于开展县域农民工市民化质量提升行动的通知》进一步强调"强化劳动权益保障"。

---

① 2008年改为人力资源和社会保障部。
② 2003年改为国家发展和改革委员会。
③ 李胜会，夏敏. 中国科技成果转化政策变迁：制度驱动抑或市场导向［J］. 中国科技论坛，2021（10）：1-13.

四、正负效应机制

我国农村劳动力就业政策在执行过程中产生的正负效应，以及国家对这些正负效应的适时应对推动了政策变迁的发生。例如，改革开放以后，随着经济社会的迅速发展，城市对劳动力的需求增加。1984年出台的《中共中央关于一九八四年农村工作的通知》认可了农村劳动力对城乡经济发展的作用，并鼓励农村劳动力进城就业。此后，1988年，《劳动部、国务院贫困地区经济开发领导小组关于加强贫困地区劳动力资源开发工作的通知》发布，提出要充分开发利用贫困地区的劳动力资源，大力组织劳务输出。尽管这些政策给农村劳动力提供了就业机会，但由于当时的政策管理体系尚不完善，未能有效应对"民工潮"带来的问题，从而给人口流入大省如广东等地造成了巨大的管控压力。为了应对"民工潮"带来的新问题和新挑战，我国政府适时调整了农村劳动力就业政策，并相继发布了《国务院办公厅关于严格控制民工盲目外出的紧急通知》《国务院办公厅关于劝阻民工盲目去广东的通知》等文件，加强对农民工盲目外出和大量集中外出情况的控制，并完善了户籍制度。这些举措有助于缓解"民工潮"带来的负面影响，推动了城镇化的健康发展。

综上所述，放开农村劳动力进城的政策带来了一系列正效应，包括增加就业机会和推动经济发展。与此同时，农民工进城导致了城市负担加重和管控压力增大等负效应。为此，我国政府采取了适时适当的政策，如控制农民工进城的政策和户籍政策等。由此可见，政策执行后产生的政府效应以及政府的适时应对共同推动了我国农村劳动力就业政策的变迁。

第五章 我国农村劳动力就业政策的效果评估

第一节 评估方法的选择

一、引言

通过第三章的分析，本研究发现，我国农村劳动力就业政策经历了逐步探索到不断完善的过程，这与中国政治经济环境的变迁及产业发展的历程相一致。进一步探究政策变迁的动因，本研究发现，我国农村劳动力就业政策的持续变化受到多种因素的影响。在了解这些问题之后，我们不禁思考：我国农村劳动力就业政策在实施过程中是否取得了一定效果？它们对中国现代化产业体系建设起到了什么样的作用？

准确评估公共政策的效应是制定科学公共政策的重要前提，而科学的公共政策有助于促进国家治理体系和治理能力现代化。[①]可见，对上述问题的回答不仅是本研究理解农村劳动力就业政策在历史时期存在的问题和偏差的前提，也是国家完善和实施中国特色社会主义新时代农村劳动力就业政策的前提和基础。因此，本章将在第三章所划分的5个不同历史时期的基础上，以第三章提出的政策目标为准绳，分别对中华人民共和国成立以来农村劳动力就业政策的效果进行考察和评估，分析这些政策对经济社会特别是现代化产业体系建设所产生的影响，以期为国家农村劳动力就业政策的完善与实施提供有益参考，也为理解我国现代化产业体系建设以及农村社会的转型与发展提供深刻见解。

二、公共政策评估的视角

对于公共政策评估的视角，由于分类不同、研究对象不同等原因，目前学术界尚未达成一致意见。在对涉及公共政策评估视角的研究文献进行归纳和整理之后，本研究发现南京大学周建国教授及其博士生所概括的评估视角更加契合本研究的行文脉络。他们认为，对政策的评估需要从政策本质和社会本质两个方面进行。[②]一方面，政策评估有助于发现公共政策的不足并推动政策的完善和调整，故政策评估始终离不开政策文本本身，脱离公共

---

① 陶旭辉，郭峰. 异质性政策效应评估与机器学习方法：研究进展与未来方向 [J]. 管理世界，2023，39（11）：216-237.

② 周建国，边燚. 构建聚合的政策评估模式 [J]. 管理世界，2022，38（12）：92-104.

政策本身的评估研究会丧失其作为政策研究的实践意义。另一方面，公共政策关系到社会生活的各个方面，是政府对社会生活规范的表达，故脱离社会的评估研究会丧失其作为科学分析工具的理论价值。因此，本研究从政策本质视角和社会本质视角进行具体分析。

（一）政策本质视角

政策本质视角意味着政策本身是政策评估的对象，政策发展是政策评估的主要目的。通过考察政策的目标和意图，可以揭示政策设计的初衷。对政策实际执行情况的考察，则有助于了解政策是否达到预期效果以及背后的原因。在政策效果评估中，政策本质视角的要点主要包含以下几个方面：

首先，评估者需要了解政策设计的初衷和目标。政策评估必须从政策设计的目标和意图出发，这有助于客观考察政策的实际效果。

其次，评估者需要深入了解政策的实施情况。具体而言，就是看政策在实际执行过程中是否符合政策设计的初衷、是否出现了偏差或者漏洞、政策实施情况对政策的效果有何影响。

最后，评估者需要合理评价政策的有效性。具体而言，就是看政策是否达到预期效果，政策实施过程中是否出现了非预期效果，政策对目标群体的影响是积极的还是消极的，政策是否达到了促进社会进步和公共利益的目标。

总之，政策本质视角是政策效果评估中不可或缺的一部分。它能帮助评估者更全面地了解政策的设计和实施情况，并增强政策效果评估的准确性和可靠性。借助政策本质的视角，我们能够为政策制定者提供更科学、合理的政策指导和建议。

（二）社会本质视角

社会本质视角主要关注政策实施对整个社会和特定群体的影响。具体而言，主要考察政策是否对社会公平、社会稳定和社会发展产生了积极影响，是否有助于提升整个社会的利益。在政策效果评估中，社会本质视角的要点主要包含以下几个方面：

首先，要评估政策实施对不同社会群体的影响是否公平，以及是否有助于缩小贫富差距和促进社会公平。政策对于弱势群体的保护和帮助是社会公平的重要体现，评估者需要重点关注政策对这些群体的影响。

其次，要评估政策实施对社会稳定的影响，是否有利于社会矛盾和冲突的缓解。政策的实施应有利于社会和谐与稳定，评估者需要关注政策对社会秩序和稳定的影响。

最后，要评估政策对社会经济发展的促进作用，以及是否有助于提升社会生产力和推动社会进步。政策效果应与社会发展需求相符，评估者需关注政策对社会发展的贡献。

通过社会本质视角的评估，我们可以更好地了解政策对整个社会的综合影响，有助于发现政策实施中可能存在的问题与不足之处，并提出改进建议，以优化政策效能。同时，社会本质视角应关注社会公平、社会稳定和社会发展，确保政策实施符合整个社会的利益。因此，在政策效果评估中，充分考虑社会本质视角至关重要，这将最大化政策效果，为社会长期发展与稳定提供支持与保障。

三、就业政策评估的主要方法

如前所述，就业政策的目标复杂多样，影响政策制定和变迁的因素也各不相同。因此，在评估农村劳动力就业政策效果的过程中并不存在绝对完美科学的方法。为了找到最优的评估策略，本研究认为有必要再次回顾前人在这方面的研究成果。通过查阅近十年来国内外学者关于就业政策效应评估的文献资料，本研究发现，目前学术界主要采用实证评估和量化评价两种主流方法来评估就业政策效果，而传统的定性分析方法被抛弃，这一点可以在当前国内外有代表性的就业政策研究成果中得到证实（见表5-1）。

表5-1　　　　　国内外就业政策研究成果与评估方法

作者	研究对象	评估方法	方法内容与评价体系
廖娟（2015）	残疾人	实证分析	方法内容：选用德雷勒评估ADA实施效果时采用的实证分析方法，研究了《残疾人就业条例》对我国城镇地区残疾人就业和收入变化的影响 评价体系：①就业率；②收入水平
英明和魏淑艳（2016）	大学生、农村劳动力、下岗工人等	量化分析	方法内容：相关利益者评估法、专家赋分法等（主观）；时间序列经济数据计量法、结果导向法等（客观） 评价体系：①主观指标（包括就业满意度、就业改善信心指数等）；②客观指标（包括投入产出比、再就业概率等）
陈建伟和王轶（2017）	失地农民	实证分析	方法内容：基于调查数据，构建一个包含内生选择机制的就业安置政策效应评估模型，评估政府就业安置政策效应 评价体系：①安置率；②行业选择

续表

作者	研究对象	评估方法	方法内容与评价体系
Liu和Li（2022）	大学生	量化分析	方法内容：构建PMC指数模型，对大学生就业政策进行量化评估，并绘制PMC曲面图，来追溯评价指标的优劣 评价体系：①政策性质；②政策倾向；③政策焦点等
Sha和Liu（2022）	各就业群体	量化分析	方法内容：运用层析分析法构建了一个包含4个维度的指标评价体系，帮助建立新型就业格局的公共政策体系 评价体系：①经济运行；②社会发展；③就业稳定；④政策执行
Kenechukwu等（2021）	尼日利亚居民	实证分析	方法内容：通过回归分布滞后模型评估了1986—2018年定量货币政策在尼日利亚实现充分就业的有效性 评价体系：就业率

　　传统的定性分析主要通过描述、解释和理解政策实施过程中的情况、现象和动态来揭示政策的效果和影响。实证评估则是基于观察和试验取得的大量事实和数据，利用统计推断的理论和技术，并经过严格的经验检验，引入数量模型对社会现象进行数量分析的一种方法，其目的在于揭示各种社会现象的本质联系。在对就业政策评估的过程中，实证评估强调获取政策发布后的就业数据的变化，如就业人数和收入水平等，并利用统计方法对这些数据进行处理，以探讨政策实施与就业变化之间的关系。此外，量化评价要求从政策文本本身出发，设定评价指标并建立量化评价模型，通过计算模型得出的数值来评判

一项政策的优劣。

四、本研究采用的评估方法

本研究将分别对中华人民共和国成立初期（1949—1956年）、社会主义建设探索时期（1957—1978年）、改革开放初期（1979—1992年）、社会主义市场经济体制确立初期（1993—2012年）和中国特色社会主义新时代（2013年至今）这5个阶段我国农村劳动力就业政策的效果进行评估。在评估方法的选择方面，本研究采用定量与定性相结合的方法。

首先，借鉴以往研究的做法，将就业率作为衡量农村劳动力就业政策效果的重要指标。具体而言，本研究采用《中国人口和就业统计年鉴》的数据，计算出乡村就业人口占15~64周岁乡村人口的比例，将其作为农村劳动力的就业率。《中国人口和就业统计年鉴2023》记载了1949—2022年乡村人口数和乡村就业人员数。其中，1950年和1951年的乡村就业人员数据缺失，根据1949年和1952年的数据，采用等比例递增的原则计算补充；1952—1954年、1956—1959年、1961—1964年、1966—1969年的乡村人口数据缺失，根据《中华人民共和国人口统计资料汇编1949—1985》记载的1951年、1955年、1960年、1965年乡村人口数据以及全国历年人口自然增长率数据计算补充。同时，根据《中华人民共和国人口统计资料汇编1949—1985》记载的全国性人口普查数据计算乡村人口中15~64周岁人口所占比例。具体而言，对于记载了全国乡村人口年龄状况数据的1964年，直接计算出乡村人口中15~64周岁人口所占比例；对于没有记载乡村人口年龄状况数据的1953年和1982年，则计算出全国人口中15~64周岁人口所占比例进行替代。此外，根据时间趋近原则，1949—1958年的15~64周岁人口所占比例均用1953年的比例替代，1959—1972年的15~64周岁人口所占比例均用1964年的比例替代，1973—1984年的15~64周岁人口所占比例均用1982年的比例替代，1985—1986年的15~64周岁人口所占比例均用《中国人口统计年鉴1988》记载的1987年的比例替代。其他年份的15~64周岁人口所占比例分别根据各年份《中国人口统计年鉴》或《中国人口和就业统计年鉴》所记载的数据计算得到，个别年份因数据缺失则由相邻年份数据替代。需要特别说明的是，在2000年以前，除1964年全国人口普查数据记载了全国乡村人口年龄状况数据外，其他年份均未记载乡村人口年龄数据，故计算出全国人口中15~64周岁人口所占比例进行替代。2000年及以后均记载了乡村人口年龄数据，则直接计算出乡村人口中15~64周岁人口所占比例。

其次，采用《农民工监测调查报告》的数据对中国特色社会主义新时代农村劳动力进城后的市民化水平和在非农领域的就业质量进行评估。2010年，国家统计局发布了《2009年农民工监测调查报告》。此后，国家统计局每年均发布年度《农民工监测调查报告》，以揭示农民工总体规模、基本特征、流向分布、就业情况、外出收入和居住情况，以及权益与社会保障情况等关键信息。这些报告为农村劳动力就业政策效果评估提供了丰富的数据资料。

最后，通过描述性分析和寻找一些特定指标来判断农村劳动力就业政策实施的效果。有关农村劳动力就业状况的全国性量化数据资料较少。特别是改革开放以前，信息技术落后，国家统计制度也不够完善，故留存下来的历史数据较少，能够查证的有效数据较为有限。同时，相较于定量分析来说，定性分析同样可以对就业政策实施前后的变化作出直观的比较，虽在论证的逻辑性上稍弱，但对数据获取的要求要低得多，故定性分析亦可作为政策评估的重要方法。因此，本研究将定性分析也作为评估农村劳动力就业政策效果的重要方法。具体来说，主要以第三章梳理出的政策目标为依据，收集一些具体事实和数据来判断政策目标的达成情况，以评估农村劳动力就业政策的效果。

第二节　中华人民共和国成立初期（1949—1956年）农村劳动力就业政策的效果评估

一、引言

在国内外环境复杂多变的背景下，任何政策都无法一劳永逸，农村劳动力就业政策也必须与时俱进。而对过去农村劳动力政策的研究无疑能够为未来政策的制定提供宝贵参考，从而更好地促进农村经济健康、持续发展，并最终实现城乡全面协调发展的宏伟目标。中华人民共和国成立初期，中国社会在经历了长时间的战争之后，农村面临着严重的贫困、落后和生产力不足的问题，而城市的工业布局极不合理，很多工业设施遭到严重破坏，且很多工业部门仍是空白。在这样的时代背景下，如何迅速恢复国民经济，将我国建设成为强大的社会主义现代化的工业国家成为当时国家领导人亟待思考和解决的主要问题。于是，"三年准备、十年计划经济建设"的思想应运而生。而农村劳动力作为我国劳动力的主体，在相关就业政策的引导下，为我国农业生产的恢复和发展以及城市工业化建设作出了重要贡献。

二、农村剩余劳动力问题得到缓解

在中华人民共和国成立初期，中国面临着严重的农村劳动力就业问题。到1954年年底，全国总计有5亿多人生活在农村，农村人口占比高达80%。[①]当时的解决办法是改善农业生产条件，给农民提供更多耕地。然而，由于农村经济基础薄弱，农业生产落后，因此，1949—1956年，党和政府在农村地区进行了一系列重大的农田基础设施建设项目，旨在改善农业生产条件，增加粮食产量，支持国家经济的恢复和发展。中华人民共和国成立初期，面对战争留下的废墟和农业生产的停滞，政府将恢复和发展农业生产作为恢复经济的首要任务，并将农田水利建设列为重点工程。在推进农业合作化的三大改造时期，农田基础设施建设被视为实现农业现代化的关键环节之一。从粮食产量的角度来看，这些改善农业生产条件的举措在解决农村剩余劳动力问题上取得了巨大突破。粮食产量从1949年的1 132亿千克增长到了1952年的1 639亿千克，1956年时更是增加到1 927.5亿千克。[②]同时，通过实施重工业化战略，中国的煤炭、钢铁等工业有了长足发展，这为农村劳动力提供了外出务工的机会。随着工业化进程的推进，大量农村劳动力涌入城市，成为城市工业的主要劳动力来源。这使得劳动力的流动性增大，为农民提供了更多就业选择的机会。而农村劳动力进城务工也大大减少了农村剩余劳动力，缓解了农村的就业压力。经过几年的努力，农村剩余劳动力问题得到缓解，农村劳动力就业率稳步提升（见表5-2）。这不仅提高

---

① 国家统计局人口统计司，公安部三局. 中华人民共和国人口统计资料汇编1949—1985［M］. 北京：中国财政经济出版社，1988.

② 国家统计局农业统计司. 1949—1984中国农业的光辉成就统计资料［M］. 北京：中国统计出版社，1984.

了农村居民的生活水平，也为中国经济的现代化和社会主义建设奠定了坚实基础。

表5-2　　　　1949—1956年我国农村劳动力就业情况

年 份	1949	1950	1951	1952	1953	1954	1955	1956
乡村就业人口（万人）	16 549	17 095	17 659	18 243	18 610	19 088	19 526	20 025
15~64周岁乡村人口（万人）	28 707	29 078	29 458	30 047	30 738	31 500	31 541	32 188
就业率（%）	57.65	58.79	59.95	60.71	60.54	60.60	61.91	62.21

三、人口盲目流动现象仍然存在

尽管中华人民共和国成立初期重工业的发展在一定程度上缓解了农村剩余劳动力问题，但总体而言，重工业属于资本密集型产业，对劳动力的吸纳能力有限。当时国家重点发展重工业，主要考虑的仍是基础建设和国防安全，而非解决劳动力的就业问题。此外，由于缺乏对人口流动和迁移的有效管控，大量农村劳动力不断前往城镇务工就业，城市人口的过快增长引发了一系列社会问题。因此，国家在20世纪50年代陆续发布了多项限制农村人口盲目流动的政策，以缓解城市人口压力。然而，整体来说，这些措施效果并不理想，农村劳动力涌入城镇的现象仍未得到根本解决。据统计，1954—1956年，全国迁移人口高达7 700万人，其中绝大多数是农村劳动力前往城镇务工。①面对人口流动带来的诸多问题，国家逐渐建立了户籍制度并加强了户籍管理，以限制农村人口进城，试图通过政策手段控制人口流动的规模和速度。这一时期的人口流动不仅是社会经济发展不平衡的直接表现，也是国家政策调整与社会管理经验积累的过程。从长远看，这一时期的人口流动促进了中国社会结构的重大调整，加速了工业化和城市化进程，但也给社会管理与服务带来了极大挑战。

四、工业化建设成效明显

在中华人民共和国成立后，为了改变中国工业落后的面貌，政府通过修复战争破坏的工业设施、重建和扩建工厂，并引入新的技术和管理方法，迅速恢复和发展了工业生产。同时，国家编制了第一个五年计划，大力发展重工业，从无到有地构建了包括汽车、发电设备、飞机、新式机床、重型机器等在内的工业体系，彻底改变了以前工业产业残缺不全的现状。可以说，这些举措使得重工业和轻工业产值都显著增长，钢铁、煤炭、电力和纺织品产量大幅提升。据统计，到1952年，工业总产值达到历史新高，较1949年增长了75%。②工业化的快速发展导致城市对劳动力的需求迅速增加，而且在城市参与城市建设的收入也高于在农村从事农业种植的收入。因此，20世纪50年代，大量农村劳动力选择离开农村，涌入城市就业，这在很大程度上为国家的工业化建设提供了劳动力支持。据统计资料，1957年全国城镇劳动力达到3 205万人，比1952年增加了719万人，增长了

---

① 刘锐. 我国农村劳动力就地就近转移就业问题研究［M］. 北京：经济管理出版社，2019.

② 国家统计局综合司. 全国各省、自治区、直辖市历史统计资料汇编（1949—1989）［M］. 北京：中国统计出版社，1990.

28.9%。①可以说，这一时期是我国历史上人口流动较为频繁的时期之一。

第三节 社会主义建设探索时期（1957—1978年）农村劳动力就业政策的效果评估

一、引言

社会主义建设探索时期是我国农村经济社会经历极其剧烈变革的重要阶段，其间发生了"大跃进"、人民公社化运动以及"文化大革命"等。农村劳动力就业政策在这一时期受到了政治和经济方针的深刻影响，也在很大程度上塑造了当代我国农业发展的基本轮廓。其中，在"大跃进"期间，我国政府实施了一系列工业化和集体化的政策，这些政策直接影响了农村的生产结构和劳动力分配。随后的"文化大革命"进一步影响了农村的社会经济结构，特别是在劳动力配置和教育方面。同时，这个时期的就业政策与当前的政策存在本质差异。当时的政策更多地集中在集体化和国家计划经济的框架下，对农村劳动力的流动和职业选择产生了重要影响。在评估这一时期农村劳动力就业政策的效果时，本研究尝试从多个角度进行考察。此外，这一时期的政策效果也与国内外的政治和经济环境紧密相关，这些外部因素在评估中也不可忽视。

---

① 刘锐. 我国农村劳动力就地就近转移就业问题研究［M］. 北京：经济管理出版社，2019.

二、人口流动受到限制

1958年，中国正式实行了户籍制度，将全国人口划分为农业户籍和非农业户籍。这一措施的目的是限制农村人口进入城市，以防止因人口过量流入城市而引发一系列的就业、住房、粮食供应等问题。在"大跃进"时期，随着高度集中的工业化策略和农业集体化政策的推进，以及人民公社制度对农村的全面实施，人口的自然迁移受到了严格控制。

1962年，我国政府加强了户籍管理，通过一系列政策措施限制农业户籍人口向城市迁移。国家通过细致的户籍管理规定进一步明确了户籍制度在社会控制中的功能，更加严格地实行了与户籍类型密切相关的粮食配给制和其他生活必需品的供应机制。在户籍制度的管控下，农村劳动力的流动受到了严格的限制。在农村集体组织的管理与监督下，农村劳动力被限定在农村区域从事农业生产活动。这种政策与措施的组合不仅对农村人口的就业和生活产生了长远影响，也对城乡之间的发展差距、社会结构和经济格局留下了深刻的烙印。

户籍制度的初衷在于有效控制人口流动，保持城市和农村的人口结构平衡；同时，确保城市资源能够得到合理分配和利用。通过划分户籍类型，政府可以更好地管理和调控人口流动，促进城乡协调发展，从而实现社会稳定和经济可持续发展的目标。尽管这一政策在一定程度上控制了人口的无序流动，但它也成为城乡分割的制度壁垒，给后续的社会经济发展造成了严重影响。

在"文化大革命"期间，户籍制度作为国家治理的重要手段并未被废除，反而对农村劳动力进入城市的限制进一步加强。

总体来看，在这一时期，我国城乡人口流动受到了多重因素的影响，其中户籍制度起到了决定性作用。农村劳动力的流动受到了限制。这一方面体现了我国政府对经济和社会稳定的考虑，另一方面凸显了城乡间不平等的社会结构和资源分配问题。由政策导致的城乡分割为我国后续的经济改革和社会发展提出了重要挑战。

三、粮食困境得以克服

1958—1965 年，中国社会主义建设经历了曲折发展的历程，这一时期以"大跃进"和"三年困难时期"为主要标志。

在"大跃进"期间，大量的农村人口被动员起来参与到城市建设和新工业项目中，农村劳动力过多地转移到了非农产业，导致从事农业生产的劳动力严重不足，从而恶化了粮食生产情况。1959—1961 年，我国遭遇了严重的自然灾害，粮食产量锐减，生活条件恶化。

面对粮食危机和人口过度流动带来的挑战，我国政府采取了一系列措施来控制人口流动。通过严格执行户籍制度和粮食配给制度，农村劳动力迁往城市的行为得到抑制。我国政府还发布相关政策，动员农村劳动力回乡，精简来自农村的新职工，号召知识青年"上山下乡"，以充实农村劳动力，提升农村粮食产量。

在一系列政策的引导下，农村劳动力规模迅速扩大。根据1961—1963 年的统计数据，我国城镇人口总数减少了 2 600 万，职工人数减少了 2 000 万，农业劳动力的比重从 65.75% 急剧攀升至 82.45%。到 1962 年，形势开始好转，粮食产量回升至 1.54亿吨。1963—1965 年，我国政府进一步实施了一系列恢复性政策措施，加之自然条件有所改善，粮食产量得以持续增长，到

1965年达到1.94亿吨，接近"大跃进"前的水平。

总之，这一时期的经历深刻地揭示了人为因素和自然因素对农业生产的影响，并为中国后来的农业政策提供了重要教训。

四、就业率大幅波动

为响应国家"提高劳动力利用率"的要求，各地农村积极利用本地劳动力资源发展农业和林、牧、渔等副业，并兴办为生产、生活服务的小工厂。特别是在东部沿海地区，发展社队企业（1983年之后称"乡镇企业"）成为转移农村剩余劳动力的重要途径。据统计，到1959年年底，全国农村陆续建立了70多万个小工厂，从业人员达500万人，产值超过100亿元，占当时全国工业总产值的10%，成为拉动农村经济增长的重要力量。[1]

然而，在"文化大革命"期间，很多社队企业不得不调整生产范围，企业的良性发展被干扰。社队企业的组织结构发生多次变动，这直接影响了企业生产积极性和经营效率，限制了企业的技术改进与创新。

总体而言，在这一时期，政治运动的干扰导致企业生产效率普遍下降。社队企业的曲折发展直接影响了农村劳动力的就业状况，使得这一时期的就业率呈现出整体先增后降、波动幅度较大的现象（见表5-3）。尽管政府尝试通过支持社队企业发展来吸纳农村劳动力，但政策稳定性和实施力度的不足限制了效果的发挥。但需指出的是，虽然在这一时期社队企业的数量和产出未能

---

① 国家统计局. 之六：乡镇企业异军突起 [EB/OL]. （1999-09-18）[2024-03-07]. https://www. stats. gov. cn/zt_18555/ztfx/xzg50nxlfxbg/202303/t20230301_1920444. html.

实现显著增长，甚至遭受挫折，但它们仍在这一历史阶段为稳定农村经济发挥了重要作用。

表5-3　　　　1957—1978年我国农村劳动力就业情况

年 份	1957	1958	1959	1960	1961	1962	1963	1964
乡村就业人口（万人）	20 566	21 300	20 784	19 761	20 254	21 373	22 037	22 908
15~64周岁乡村人口（万人）	32 935	33 503	31 750	29 564	29 676	30 482	31 503	33 199
就业率（%）	62.44	63.58	65.46	66.84	68.25	70.12	69.95	69.0
年 份	1965	1966	1967	1968	1969	1970	1971	1972
乡村就业人口（万人）	23 534	24 451	25 368	26 285	27 400	28 120	28 752	28 654
15~64周岁乡村人口（万人）	33 102	33 974	34 845	35 803	36 741	38 151	39 236	40 195
就业率（%）	71.10	71.97	72.80	73.42	74.58	73.71	73.28	71.29
年 份	1973	1974	1975	1976	1977	1978		
乡村就业人口（万人）	29 264	29 682	29 946	30 142	30 250	30 638		
15~64周岁乡村人口（万人）	45 435	46 295	46 987	47 594	48 165	48 602		
就业率（%）	64.41	64.11	63.73	63.33	62.80	63.04		

第四节　改革开放初期（1979—1992 年）农村劳动力就业政策的效果评估

一、引言

改革开放初期是我国社会经济发展史上的重要转型时期，其中农村劳动力就业政策的影响尤其值得深入研究和评估。改革开放后，我国农村经济和社会结构发生了显著变化，农村劳动力就业政策及其实施效果对于理解这一时期的经济社会变迁具有重要意义。随着改革开放的推进，我国政府放宽了对农民的管制，引入了家庭联产承包责任制，大大激发了农民的生产积极性。同时，就业政策鼓励农村劳动力向非农产业转移，促进了农民工进城和乡镇企业的发展。这一时期的农村劳动力就业政策对于提升农业生产效率、改善农民生活水平以及促进城乡经济发展具有深远影响。通过对改革开放初期农村劳动力就业政策的综合评估，我们不仅能够深刻了解农村劳动力就业和农村经济社会的转型过程，还能为当前我国乡村振兴战略的制定和实施提供历史经验和理论支持。

二、转移就业规模持续扩大

随着改革开放序幕的拉开，我国农村经济体制迎来了一系列重大改革。在经济和社会结构深度变革的背景下，农村劳动力转移就业规模持续扩大，并呈现出多样化的发展趋势。在改革开放前的计划经济体制下，我国农村基本处于一个封闭的集体经济状态，农村劳动力大多被限制在本地，转移就业的空间有限。改革开放后，随着家庭联产承包责任制在全国范围的实施，农民获得了一定程度的土地经营权，生产积极性大幅提升，农业生产效果也得到显著改善，由此释放出大量的农村剩余劳动力。同时，改革开放后，国家对乡镇企业采取积极扶持的政策，由此推动乡镇企业进入发展的快车道，并成为吸纳农村剩余劳动力的主要渠道。统计数据显示，1983年以前全国乡镇企业的从业人员数量仅为3 000万人左右，到1988年时这一数字已经突破9 000万人，大约增加了2倍（见表5-4）。中国乡镇企业的异军突起、迅速发展，深刻改变了农村单纯依靠农业发展的经济格局，促进了农业现代化、农村工业化和农民收入增长，开创了农村劳动力就地就近转移就业的新路。

表5-4　　　　　1979—1992年中国乡镇企业的基本情况

年份	企业（万个）	总产值（亿元）	从业人员（万人）	农村劳动力（万人）
1979	148	561	2 909	30 974
1980	142	678	3 000	31 826
1981	134	767	2 970	32 637
1982	136	892	3 113	33 837
1983	135	1 019	3 235	34 785
1984	607	1 710	5 028	34 676
1985	1 222	2 728	6 979	37 065
1986	1 515	3 583	7 937	37 976
1987	1 750	4 946	8 805	38 960

续表

年份	企业（万个）	总产值（亿元）	从业人员（万人）	农村劳动力（万人）
1988	1 888	7 018	9 545	40 105
1989	1 869	8 403	9 366	40 545
1990	1 873	9 581	9 262	42 010
1991	1 909	11 622	9 614	43 093
1992	2 092	18 051	10 581	43 802

资料来源：根据历年《中国乡镇企业年鉴》《中国统计年鉴》数据整理所得。

同时，在这一时期，我国农村劳动力流动政策经历了从限制流动到允许流动、从控制盲目流动到引导有序转移的转变过程。1984年1月，《中共中央关于一九八四年农村工作的通知》发布，允许农民在自筹资金、自理口粮的条件下，进入城镇务工、经商。随着政策措施的逐步完善，以及城市经济发展对劳动力需求的增加，农村劳动力向城市转移就业进入较快增长期。据统计，1985年农村外出劳动力达到2 000万人，到1990年突破5 000万人。[1]20世纪80年代中后期，大量农村劳动力进城引发了"民工潮"，并带来交通运输、社会治安、劳动力市场管理等诸多问题。为有效应对"民工潮"带来的问题，1991年5月，劳动部、农业部、国务院发展研究中心共同推动了"中国农村劳动力开发就业试点项目"，开始探索统筹城乡就业、促进农村劳动力就业的途径。

总体而言，随着这一时期乡镇企业的发展以及农村劳动力流

---

[1] 中国政府网. 改革开放30年报告之六：人口素质全面提高就业人员成倍增加［EB/OL］.（2008-11-03）［2024-03-07］. https://www.gov.cn/gzdt/2008-11/03/content_1138587.htm.

动政策的放宽，农村劳动力在本地就业以及外出转移就业的规模均持续扩大，就业率大幅提升。本研究根据相关数据计算的结果表明，1979—1992年，农村劳动力的就业率从1979年的63.81%大幅提升至1992年的85.66%（见表5-5）。从主要集中在农业的劳动力结构，到大量农村劳动力转移到乡镇企业和城市非农部门，这一转变反映出我国改革开放政策的成功，以及经济结构调整和社会转型的深刻影响。

表5-5　　　　1979—1992年我国农村劳动力就业情况

年份	1979	1980	1981	1982	1983	1984	1985
乡村就业人口（万人）	31 025	31 836	32 672	33 867	34 690	35 968	37 065
15~64周岁乡村人口（万人）	48 622	48 940	49 147	49 315	49 659	49 417	53 187
就业率（%）	63.81	65.05	66.48	68.67	69.86	72.78	69.69
年份	1986	1987	1988	1989	1990	1991	1992
乡村就业人口（万人）	37 990	39 000	40 067	40 939	47 708	48 026	48 291
15~64周岁乡村人口（万人）	53 439	53 759	54 880	55 504	56 154	56 103	56 378
就业率（%）	71.09	72.55	73.01	73.76	84.96	85.60	85.66

三、有组织的劳务输出亟待加强

改革开放初期，国家实施了一系列旨在推动经济发展的政策，这使得传统的二元经济体制逐渐被打破，农业与非农业部门之间的收入差距开始扩大。而家庭联产承包责任制的推广，大幅提高了农业生产效率，释放出大量剩余农村劳动力。在此背景下，大量农村劳动力开始寻求在非农部门的就业机会。同时，对外开放政策的实施引来了大量的外资企业和外贸订单，这为农村劳动力提供了越来越多的非农就业机会。户籍制度的限制却在某种程度上制约了有组织的劳务活动。由于缺乏有效的制度管控，农村劳动力的进城务工行为部分演化为所谓的"盲流"，即基于有限的就业信息和缺乏技能培训而进行的盲目流动。随着越来越多的农村劳动力进入城市务工，到20世纪80年代末，一些主要城市如广州、北京、上海等地出现了大量未能找到工作的农村劳动力。这间接导致了所谓的"农民工问题"，即农村劳动力在城市的盲目流动所引发的流动人口犯罪以及对城市环境和社会秩序的挑战。①

在这一时期，虽然农村劳动力实现了大规模转移就业，但社会保障制度的不完善使得转移就业的农村劳动力面临着就业稳定性、医疗保障等多项挑战。因此，针对农村劳动力的就业公共服务体系尚有较大的完善空间。

总体来说，改革开放初期，在政策推动和市场需求的双重引导下，我国农村劳动力的转移就业取得了重大进展。然而，户籍制度限制、人口流动政策、公共服务体系以及法治建设的不完善等问题，也揭示了有组织劳务输出所面临的挑战。这一时期的经验为进一步推进改革开放提供了重要启示：在推动农村劳动力转移就业的同时，必须全面考虑并解决转移过程中的社会问题，进一步提升转移就业的有组织性。

---

① 孙中伟，刘林平. 中国农民工问题与研究四十年：从"剩余劳动力"到"城市新移民"[J]. 学术月刊，2018，50（11）：54-67.

四、农村劳动力收入快速增长

1979—1992 年是我国的一个关键历史阶段，其不仅标志着改革开放和经济快速发展的起点，而且经历了我国经济结构的重大调整以及农村劳动力市场的深刻变革。在此背景下，农村劳动力收入实现了快速增长，其原因可以从两个方面解读。

一方面，农村劳动力收入的增长得益于农业生产方式的根本性变革以及农产品价格的相应上涨。随着家庭联产承包责任制的全面实施，农民生产的积极性得到释放，农业生产效率得以显著提升。这种政策调整不仅优化了资源配置，还大大增强了农村经济活力。

另一方面，农村劳动力收入的增长源于大量农村劳动力向非农产业的转移就业。非农业部门所提供的收入普遍高于农业部门。改革开放后乡镇企业的迅猛发展为农村劳动力提供了一个重要的转移就业通道。它通过吸纳大量的农村剩余劳动力，凭借较高的劳动生产率提供较高的工资水平，成为 20 世纪 80 年代中后期提升农村经济增长速度和劳动力收入的重要引擎。

同时，随着经济的持续增长和城市化进程的加速，越来越多的农村劳动力开始进城寻找就业机会，这也推动农村劳动力的收入水平进入了一个快速增长阶段。相关统计数据显示，在改革开放初期，我国农民工的月工资大约为 90 元，到 1992 年增长到大约 400 元。[1]

尽管农村劳动力收入水平在这一时期得到了显著提升，但城乡之间、不同行业之间以及不同地区之间的收入差距依然存在。此外，转移到城市就业的农村劳动力在就业稳定性、社会保障、

---

[1] 张广胜，田洲宇. 改革开放四十年中国农村劳动力流动：变迁、贡献与展望 [J]. 农业经济问题，2018（7）：23-35.

住房和教育等方面面临着许多挑战。这些因素在一定程度上降低了他们收入水平的绝对价值。

五、公共服务水平有待改善

改革开放初期，随着经济的高速发展和城乡差距的扩大，大量农村劳动力涌向城市寻求就业机会。然而，在这一过程中，政府和社会对于快速增长的农民工群体的就业服务和管理未能同步跟进，特别是户籍制度、社会保障和职业培训等方面缺乏足够的支持和完善的措施。这导致农村劳动力在就业时面临各种制度性和结构性障碍，公共服务体系无法有效地满足其就业需求。

首先，教育资源分配不均。尽管政府逐步增加对基础教育的投资，但城乡之间、地区之间的教育资源分配依然极不平衡。根据1982年中国人口普查数据，农村的文盲率远高于城市。对于农村劳动力来说，这意味着他们在转移过程中面临着知识和技能的双重劣势。

其次，医疗卫生服务落后。尽管自1979年起，我国开始逐步重建农村卫生服务系统，但投入有限且进展缓慢，农村医疗卫生服务的可获得性和质量与城市存在较大差距。1980年，农村每千人平均拥有1.81个卫生技术人员，1985年也只有2个人，这对农村劳动力的健康和生活质量造成了负面影响。[①]

其次，农村基础设施建设滞后，尤其是交通、供水和电力设施。这不仅影响了农村居民的日常生活，也影响了农村劳动力的流动性和转移就业的效率。根据1987年国家统计局的数据，农村电力普及率较城市仍存在较大差距。

---

① 郜亮亮，杜志雄. 中国农业农村人才：概念界定、政策变迁和实践探索 [J]. 中国井冈山干部学院学报，2017，10（1）：115-125.

最后，就业权益保障不足。由于户籍制度的限制，进城务工的农村劳动力被视为"外来人口"，在就业、住房、教育等方面享受不到与城市居民同等的权益。转移的农村劳动力常从事低技能、高强度、低收入的工作，劳动条件和工作环境较差。在就业法治建设尚未健全的情况下，农民工的劳动权益难以得到保障。农民工的工资普遍低于城市同行业工人，加班也成为常态。此外，社保体系十分薄弱。直到20世纪80年代末，大量农民工尚无法获得社会保险的覆盖。这意味着他们在失业、疾病或老年时缺乏必要的经济和医疗保障。

第五节　社会主义市场经济体制确立初期（1993—2012 年）农村劳动力就业政策的效果评估

一、引言

随着改革开放的进一步深化，1993—2012 年，我国产业发展和农村劳动力就业形势发生了巨大变化。农村劳动力就业政策在这一过程中扮演了至关重要的角色，对于促进社会稳定、推进城乡经济协调发展、改善农村居民生活水平均具有深远影响。20世纪90年代初以来，随着社会主义市场经济体制改革目标的确立，大量农村劳动力纷纷离开传统的农业产业，涌入城市寻求就业机会。这一时期，农村劳动力的大规模流向城市，不仅成为推动我国城镇化和工业化发展的关键动力，也引起了政府对农村劳动力就业问题的高度关注。为此，我国政府相继推出了一系列旨在引导农村劳动力有序转移就业、提升就业能力、完善转移就业的公共服务和法制框架的政策措施。本研究主要通过数据分析、案例研究以及政策文本的深度解读，全面考察在社会主义市场经济体制改革目标确立后，我国农村劳动力就业政策的实施效果。

二、转移就业渠道更加丰富

随着改革开放的深入和经济全球化趋势的加强，我国农村劳动力转移就业的渠道更加丰富。

第一，乡镇企业的迅猛发展为农村劳动力提供了大量本地转移就业机会。1992年邓小平南方谈话以及1992年《国务院批转农业部关于促进乡镇企业持续健康发展报告的通知》和1993年《国务院关于加快发展中西部地区乡镇企业的决定》，充分肯定了乡镇企业的重要作用，为乡镇企业发展创造了空前良好的外部环境。同时，乡镇企业自身加强了管理，经济效益得到恢复提高，并涌现出一批大中型企业和现代化企业集团。在此背景下，乡镇企业的发展迎来新一轮高潮。据统计，全国乡镇企业的数量从1992年的2 092万家增至2010年的2 742万家，劳动力吸纳量也从1992年的10 625万人增至2010年的15 893万人。[①]乡镇企业的发展为农村劳动力提供了本地非农就业的机会，使他们在不离开家乡的情况下也能寻求到生计。

第二，沿海地区经济的迅速发展为农村劳动力提供了大量外出就业机会。随着改革开放的深入，东部沿海地区作为改革开放和经济发展的战略前沿，经济总量得以迅猛扩张，经济实力大幅提升。据统计，1991年，上海、天津、广州、福州、宁波、大

①　陈笑. 中国乡镇企业的发展演变［EB/OL］.（2020-10-27）［2024-03-09］. https://www.cikd.org/detail?docId=1610.

连、秦皇岛、青岛、烟台、连云港、南通、温州、湛江、北海等沿海开放城市的地区生产总值总计 2 980.54 亿元，1998 年已猛增至 14 083.99 亿元，占全国 GDP 的比重也从 1991 年的 13.79% 提升至 1998 年的 17.74%。[①]沿海地区经济的迅速发展产生了大量的用工需求。在此背景下，我国外出务工的农村劳动力规模迅速扩大。统计数据表明，1993 年，全国农民工数量大约为 6 200 万，其中跨省流动的约为 2 200 万[②]；2012 年，全国农民工数量达到 26 261 万，其中，外出农民工有 16 336 万，跨省流动的农民工有 7 647 万，就业地区则主要分布在东部沿海的广东、浙江、江苏、山东等省。[③]

第三，经济全球化趋势的加强为农村劳动力提供了大量境外就业机会。随着社会主义市场经济体制改革的推进，一些农村剩余劳动力资源丰富的地区开始大力发展劳务经济。而经济全球化趋势的加强促使一些劳务输出地区将境外务工作为重要发展方向之一。例如，2004 年以来，吉林省将劳务输出作为扩大就业和再就业的重要举措，并于 2006 年 7 月将境外就业人员办理护照纳入"急事急办"行业，为农民工境外就业建立"绿色通道"。[④]在甘肃省临夏回族自治州积石山保安族东乡族撒拉族自治县，县委、县政府于 21 世纪初作出了大力发展劳务经济的战略部署，确定了"巩固西部，拓展沿海，走向中东"的工作方针，并于

① 管怀鎏. 1991~1998：沿海开放城市经济发展分析与思考 [J]. 世界经济研究，2000 (6)：43-46；42.

② 中国农民工问题研究总报告起草组. 中国农民工问题研究总报告 [J]. 改革，2006 (5)：5-30.

③ 朱剑红. 全国农民工监测调查报告发布 农民工总数超 2.6 亿 [N]. 人民日报，2013-05-28 (1).

④ 徐文君. 我省为农民工境外就业建立"绿色通道" [N]. 吉林农村报，2006-07-28 (1).

2009年4月组织113名农民工前往沙特阿拉伯务工。①据商务部对外投资和经济合作司统计，2012年，我国对外劳务合作派出各类劳务人员51.2万人，较2011年同期增加6万人；2012年年末，在外各类劳务人员有85万人，较2011年同期增加3.8万人；截至2012年年底，累计派出639万人。②这其中不乏庞大的农村劳动力群体。

转移就业渠道的丰富化促使农村劳动力在非农领域的就业数量呈现出爆发式增长态势，从而形成了一个具有显著标志性的新群体——"农民工"。这一时期，农村劳动力向城镇和非农领域的大规模转移，有效解决了农村剩余劳动力问题。从具体数据来看，这一时期农村劳动力的就业率一直稳定在80%以上，甚至一度突破了90%（见表5-6）。同时，由于政策优化和经济发展的双重影响，农民工的收入水平获得了显著增长。1993年，全国农民工的月平均工资大约为420元③，而到2012年，月平均工资已经达到2 290元。④显著提高的农民工收入对我国社会经济发展具有重要意义，它象征着城乡居民收入差距的逐渐缩小、农民工生活水平的快速提升、社会稳定性的增强以及产业结构的优化升级。此外，农民工收入的增长带动了内需的扩大，促进了城乡融合，为我国经济的持续增长和社会发展带来了积极影响。

---

① 韩钧，滕汉霞. 113名农民工将赴沙特"淘金"［N］. 民族日报，2009-04-27（A1）.

② 商务部对外投资和经济合作司. 2012年我国对外劳务合作业务简明统计［EBOL］.（2013-01-18）［2024-03-13］. http://hzs.mofcom.gov.cn/article/date/201301/20130100006031.shtml.

③ 张广胜，田洲宇. 改革开放四十年中国农村劳动力流动：变迁、贡献与展望［J］. 农业经济问题，2018（7）：23-35.

④ 朱剑红. 全国农民工监测调查报告发布 农民工总数超2.6亿［N］. 人民日报，2013-05-28（1）.

表5-6　　　　1993—2012年我国农村劳动力就业情况

年份	1993	1994	1995	1996	1997	1998	1999
乡村就业人口（万人）	48 546	48 802	49 025	49 028	49 039	49 021	48 982
15~64周岁乡村人口（万人）	56 924	57 377	57 756	57 177	56 819	56 211	55 540
就业率（%）	85.28	85.05	84.88	85.75	86.31	87.21	88.19
年份	2000	2001	2002	2003	2004	2005	2006
乡村就业人口（万人）	48 934	48 674	48 121	47 506	46 971	46 258	45 348
15~64周岁乡村人口（万人）	54 290	53 537	53 439	53 023	53 039	51 063	51 088
就业率（%）	90.13	90.92	90.05	89.60	88.56	90.59	88.76
年份	2007	2008	2009	2010	2011	2012	
乡村就业人口（万人）	44 368	43 461	42 506	41 418	40 193	38 967	
15~64周岁乡村人口（万人）	50 340	49 850	49 194	47 503	46 032	44 961	
就业率（%）	88.14	87.18	86.40	87.19	87.32	86.67	

三、转移就业方式更加有序

20世纪90年代，随着改革开放政策的深入推进，尤其是粮食购销体制改革后，农村劳动力向城镇流动寻求就业机会的现象越来越普遍。初期，由于政策缺失，我国政府未能为农村劳动力提供有效的职业培训和职业介绍，导致他们的就业流动往往缺乏详尽的市场信息或具体的就业机会，从而呈现出一种无序状态。这种大规模、无序的人口流动给城市管理带来了巨大压力，城市的基础设施和公共服务系统面临着重大挑战，同时社会治安问题随之增多。

1994年，劳动部颁布《农村劳动力跨省流动就业管理暂行规定》，以规范用人单位用人、农村劳动者就业和各类服务组织从事有关服务活动的行为，引导农村劳动力跨地区有序流动。1995年，国务院转发《关于加强流动人口就业证和暂住证制度》，明确提出要对农村劳动力的总量进行控制，并优先解决城市就业问题、限制特定工种。在此基础上，多个大城市陆续出台相关政策，通过限制流入人数、实行证件管理、完善审批程序及对特定工种加以限制等手段，提高农民工流入的门槛。随着一系列政策的出台和执行，农村劳动力流动逐渐向有序化方向发展。[①]

同时，为了促进农村劳动力转移就业的有序化，有组织的劳务输出逐渐在全国范围内兴起。以人口大省河南为例，2001—2006年，通过有组织、成建制方式向省外输出建筑劳务的人数分别为75万、78万、80.3万、85.5万、90.3万和98万，获得劳务收入分别为41.3亿元、46.8亿元、48.5亿元、52亿元、60.5亿元和72亿元。[②]此外，针对农民工的职业介绍、职业培训等措施也在全国范围内积极展开，并取得显著成效。总体而言，这一时期的农村劳动力转移就业经历了从无序到有序的转变，盲目流动的现象得到了有效解决。这不仅体现了政府对于农民工问题的重视和解决策略的有效性，也展现了我国农村劳动力就业政策的成熟与进步。

---

① 李中建. 我国农民工政策变迁：脉络、挑战与展望 [J]. 经济学家，2011（12）：70-76.

② 徐晓洁. 走出去 天地宽——河南省建设劳务输出情况综述 [EB/OL]. （2007-03-09）[2024-03-15]. https://www.henan.gov.cn/2007/03-09/247893.html.

四、公共就业服务体系基本形成

从20世纪80年代初期开始，为了满足双向选择和劳动力流动的需求，各地相继建立了一些职业介绍机构。自党的十四大明确提出将建立社会主义市场经济体制作为我国经济体制改革的目标后，作为劳动力市场体系重要组成部分的职业介绍机构也获得了长足发展。特别是积极就业政策实施以后，政府进一步加强了劳动力市场的科学化、规范化、现代化建设。截至2008年，全国共有各类职业介绍机构3.7万家；截至2009年，全国所有城市街道社区均建立了劳动保障工作平台，70%以上的乡镇建立了劳动保障工作机构，全国基本形成市、区（县）、街道（乡镇）、社区四级公共就业服务网络，实现了职业介绍、职业培训、就业指导和劳动保障事务代理等的"一条龙"服务。各级公共就业服务机构在有效配置劳动力资源、促进就业等方面发挥着越来越重要的作用，为求职者提供就业指导、为企业发布招聘信息、为求职者介绍就业机会的数量逐年增加。据统计，2008年各级公共就业服务机构为求职者提供就业指导3 020万人次，接受求职登记5 532万人次，介绍成功2 764万人次。各级公共就业服务机构在组织职业培训、提高劳动者技能和就业能力方面也发挥着重要作用，已初步形成创业培训、就业培训、再就业培训、在职培训和农村劳动力转移培训的职业培训体系，建立了以技工学校为骨干，以就业训练中心、企业培训机构以及民办培训机构为补充的职业培训网络。2008年年末，全国共有技工学校3 075所，全年面向社会开展培训400万人次；就业训练中心有3 019个，全年组织就业培训949万人次；民办职业培训机构有20 988个，全年组织就业培训1 104万人次。①

然而，城乡就业公共服务体系的基本形成并不意味着农民工外出就业已经取得了全方位的保障。首先，公共就业服务体系的覆盖范围不均，尤其是在偏远农村地区，劳动力对就业市场信息的获取能力较低。其次，农村劳动力的素质仍较低。根据《2011年农民工监测调查报告》的数据，在全国范围内的农民工中，1.5%是文盲，14.3%只有小学文化程度，60.5%只有初中文化程度；接受过农业技术培训的占10.5%，接受过非农职业技能培训的占26.2%，既没有参加农业技术培训也没有参加非农职业技能培训的占68.8%。可见，农村劳动力的整体教育水平和技能水平较低，很难满足日益复杂的就业市场需求，尤其是在快速发展的新兴产业中。因此，亟须采取相应的职业教育和技能培训措施来弥补这一差距。此外，农民工的社保参保率很低。根据《2011年农民工监测调查报告》的数据，仍有四成农民工既没有宿舍，也没有住房补贴。

五、就业法律体系建设日益完善

在社会主义市场经济体制下，平衡城乡就业矛盾、培育和发展成熟劳动力市场变得尤为迫切。因此，我国就业管理体制改革开始由旧体制改造转向新制度建设。十余年间，国家相继颁布了《劳动法》《劳动合同法》《就业促进法》《中华人民共和国职业教育法》等一系列重要的法律和法规，标志着劳动力市场步入法治化发展轨道。在这一过程中，一部分农村劳动力离开土地，转向城镇寻求就业机会，由此形成的庞大农民工群体成为直接受益者。这些法律和法规明确提出了对农民工等群体的就业保护要

---

① 薛志伟. 就业规模不断扩大 城乡市场共同繁荣 [N]. 经济日报，2009-09-27（6）.

求，为他们转移就业提供了基本的法律保障，有效减少了劳动争议案件的发生。为了进一步保护这一特殊群体的合法权益，我国政府还出台了《农村劳动力跨省流动就业管理暂行规定》《关于解决农民工问题的若干意见》等政策文件，以解决农民工面临的工资拖欠、就业歧视和社会保障缺失等问题。然而，政策执行的效果并非立竿见影。实践中，农民工的权益仍面临多重挑战，如工资拖欠和就业歧视现象仍普遍存在。此外，劳动合同的签订率长期未能显著提升，农民工的合法权益得不到全面保障。2011年，外出务工的农民工与雇主或单位签订劳动合同的比例仅为43.8%。①可见，农村劳动力就业法治化建设是一个长期且复杂的过程，需持续的政策创新和执行力度的加大，以实现法律规定与实际保障之间的有效衔接。

第六节　中国特色社会主义新时代（2013年至今）农村劳动力就业政策的效果评估

一、引言

在我国近现代发展史上，中国特色社会主义新时代在农村劳动力就业政策演变中具有特殊历史意义。这一时期，我国农村经济和社会结构经历了深刻转型。农村劳动力就业政策不仅反映了这种转型，也在很大程度上推动了农村经济发展和社会进步。在中国特色社会主义新时代，我国政府对农村劳动力就

---

① 朱剑红. 全国农民工监测调查报告发布 农民工总数超 2.6 亿［N］. 人民日报，2013-05-28（1）.

业的关注和支持力度持续加大，出台了一系列相关政策。这些政策包括技能培训、就业服务、创业支持、社会保障等多个方面，旨在提升农村劳动力的就业能力和增加就业机会，促进其平稳转移和高质量就业。同时，这一时期面临着产业转移加速、城乡发展差距拉大等挑战，农村劳动力就业政策目标的实现依然面临着很大困难。随着这些问题的逐渐凸显，农村劳动力就业政策也成为社会稳定和经济发展的重要一环。因此，本节旨在全面评估中国特色社会主义新时代农村劳动力就业政策的效果，同时探讨政策实施中存在的问题和挑战，并提出相应的改进建议，以期为今后农村劳动力就业政策的制定和执行提供参考和借鉴。

二、市民化水平显著提高

根据国家统计局发布的《2013年农民工监测调查报告》，2013年，全国农民工总量达到26 894万人。随着社会发展，农民工希望在城市定居，并对城市公共服务等诸多方面提出了新的要求，渴望成为新市民。因此，在这一时期，提升农民工的市民化水平成为就业政策的重要目标。为考察政策目标的达成情况以评估政策效果，本研究借鉴张心洁等①的观点，从教育水平、工作情况、经济状况、居住环境和社会保障等方面进行具体分析。

从农民工的教育水平来看，根据国家统计局发布的《农民工监测调查报告》数据，在上一时期末的2012年，本地农民工和外出农民工中具有大专学历的分别占3.6%和7.8%，而到2022年，本地农民工和外出农民工中具有大专学历的分别提升到

---

① 张心洁，周绿林，曾益. 农业转移人口市民化水平的测量与评价［J］. 中国软科学，2016（10）：37-49.

9.1%和18.7%。教育水平的提升使得农民工的就业结构在这一时期发生了变化，更多的农民工从传统的建筑业、制造业逐渐向服务业转移。到2022年，从事服务业的农民工已超过半数，达到51.7%。2013年和2022年农民工从事行业的变化情况如图5-1所示。相较于传统的建筑业和制造业，服务业的工作通常要求更高的专业技能和更好的人际沟通能力，也有着更广阔的职业发展空间。同时，农民工为适应服务业岗位的需求，往往会主动提升个人职业技能和素质。而这种个人素质的提升不仅有助于他们在城市社会中获得更好的生活条件，也促进了他们的个人成长和社会地位的提升，进而提升其市民化水平。

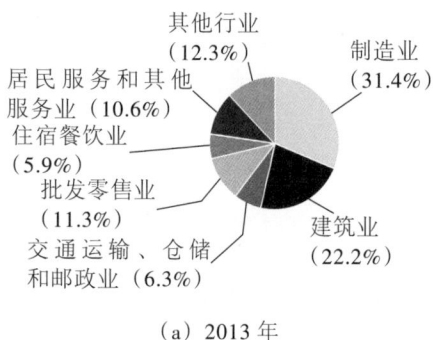

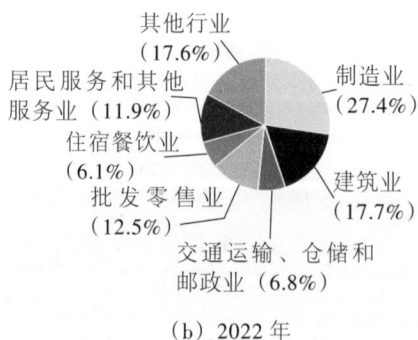

其他行业（12.3%）
制造业（31.4%）
居民服务和其他服务业（10.6%）
住宿餐饮业（5.9%）
批发零售业（11.3%）
交通运输、仓储和邮政业（6.3%）
建筑业（22.2%）

（a）2013年

其他行业（17.6%）
制造业（27.4%）
居民服务和其他服务业（11.9%）
住宿餐饮业（6.1%）
批发零售业（12.5%）
交通运输、仓储和邮政业（6.8%）
建筑业（17.7%）

（b）2022年

图5-1　2013年和2022年农民工从事的主要行业分布对比

在经济状况方面，根据国家统计局发布的《农民工监测调查报告》的数据，随着学历和技能水平的提升，在中国特色社会主义新时代，农民工的总体收入水平有了显著提高（如图5-2所示）。而收入的提升直接提高了农民工的生活质量，使他们能够在城市中享受更好的居住条件、医疗服务和教育资源，进而有助于农民工及其家庭在城市中定居和生活。总的来说，农民工收入的提升不仅改善了他们的物质生活条件，也为他们的社会地位提升、文化融入和心理健康提供了支持，这些因素共同促进了他们市民化水平的提高。

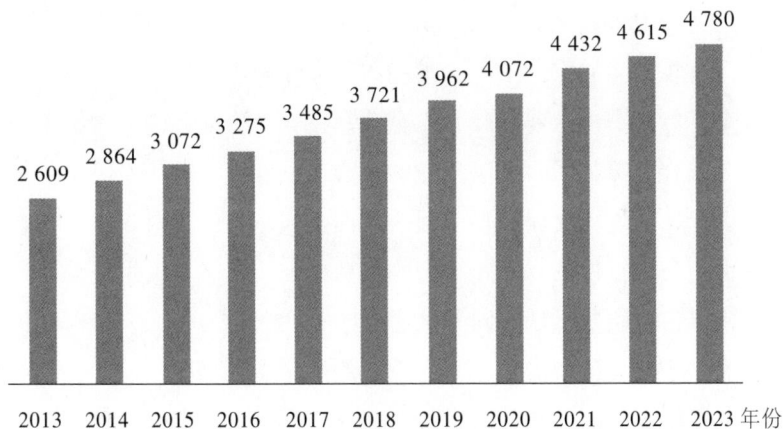

图5-2　2013—2023年农民工月平均收入水平变化（单位：元）

在居住环境方面，由于政府加大了对城市低收入家庭住房、公租房等保障性住房的投入，农民工的居住条件有了较为明显的改善。根据《2022年农民工监测调查报告》的数据，截至2022年，在进城农民工住户中，居住住房中有取暖设施的比重比2021年提高2.7个百分点；住户中有电冰箱、洗衣机、洗浴设施的分别占68.9%、70.8%、86.5%，有独用卫生间的占71.7%，能上网的占95.6%，拥有汽车（包括经营用车）的占34.1%。尽管在一些大城市农民工住房问题依然存在，但整体而言，居住条件的改善有利于提升他们的生活质量和市民化水平。

在社会保障方面，党中央、国务院高度重视保障和维护农民工权益，人力资源和社会保障部门依法保护包括农民工在内的各类劳动者依法享有社会保险待遇，通过全面实施全民参保计划、优化经办服务模式、创新宣传方法、加大行政执法力度等措施，将更多农民工纳入社保参保范围。根据《人力资源社会保障部对十三届全国人大三次会议第2467号建议的答复》披露的数据，截至2020年6月底，全国已有6 375万名农民工参加企业职工养老保险，农民工养老保险权益初步得到保障。然而，不可否认的是，由于很多农民工参保意识不强以及企业未履行相应责任，目前仍有相当多的农民工没有被纳入养老保障中，农民工的总体参保率仍然不高。这要求政府、企业、社会各方面共同努力，不断完善社会保障体系，推动统一的社会保险制度，简化农民工的参保手续，实现社会保障覆盖面的全面扩大。要注重对农民工个人缴费能力进行评估，设定合理的缴费标准。鉴于农民工流动性大的特点，政府要推动不同地区之间的社会保障协议，实现保险关系的跨地区转移和接续。更为重要的是建立激励机制，为参保农民工提供更多的福利优惠，如住房支持、子女教育优先权等，增加参保的吸引力。

总体而言，通过就业政策和经济发展等因素的推动，在中国特色社会主义新时代，中国农民工的市民化水平有了显著的提高，越来越多的进城农民工认为自己是所居住城市的"本地人"，并且愿意参加所在社区组织的活动。根据《2022年农民工监测调查报告》的数据，在进城农民工中，45.7%的人认为自己是所居住城市的"本地人"，85.2%的人表示对本地生活非常适应和比较适应，分别比上年提高4.2和2.2个百分点。这说明进城农民工对所在城市的归属感和适应度不断增强。同时，在进城农民工中，

34.9%的人参加过所在社区组织的活动，16.1%的已就业人员加入了工会组织，分别比上年提高4.5和1.6个百分点。这说明进城农民工参加所在社区、工会组织的活动更加积极。未来，随着政策的进一步优化和实施，农民工的市民化水平有望继续提升。

三、就业质量明显改善

农民工的就业质量可以从其工作质量、工作稳定性、劳动权益保障、工作满意度等方面进行考察。①

首先，工作质量主要包括所处行业、经济收入和居住环境等方面。由于上文已对此进行详细阐述，在此不再赘述。总的来说，农民工所处的行业更多地转向危险性更低的第三产业，工资收入水平得到了显著提升，居住环境也有了明显改善，这些说明工作质量有了明显提高。

其次，工作稳定性指的是一个人在一段时间内就业状态的持续性和可靠性。具体来说，工作稳定性包括就业持久性、职业变动频率和收入稳定性。根据《2022年农民工监测调查报告》的数据，从事服务业的农民工达到51.7%。相较于传统的建筑业和制造业，服务业有着更广阔的职业发展空间和更强的稳定性。因此，在这一时期，农民工工作的稳定性有了较大提升。

再次，劳动权益保障取得了极大进展。政府推广社会保险覆盖农民工，逐步提升了他们的社会保障水平，如养老保险、医疗保险等的参保率逐年提高。国家也在推动基本公共服务均等化方面取得了很多成就。根据国家统计局的《2022年农民工监测调查报告》，在随迁儿童的教育方面，2022年，进城农民

---

① 高梅，吴义刚. 进城农民工就业质量新指标体系的构建与测算 [J]. 安徽农业大学学报（社会科学版），2017，26（1）：57-64.

工 3~5 周岁随迁儿童入园率（含学前班）为 91.1%，比上年提高 2.9 个百分点。69.7% 的入园儿童在公办幼儿园或普惠性民办幼儿园。义务教育阶段随迁儿童在校率也不断提高，2022 年达到了 99.8%。其中，小学年龄段随迁儿童 88.3% 在公办学校就读；初中年龄段随迁儿童 87.8% 在公办学校就读。

最后，在工作满意度方面，不同人对不同工作的满意程度各不相同。目前尚无官方统计资料和数据来说明农民工的工作满意度是否有较大改善，但已有一些学者对此进行了研究。总体而言，农民工的工作满意度仍有提升空间。一项研究发现，我国农民工工作满意度整体呈下降趋势，尤其是内陆地区和新生代农民工的工作满意度下降更为显著。[①]另一项基于问卷调查的实证分析也得出了类似结论，新生代农民工的城市适应、工作倦怠、工作意义感、工作满意度和生活满意度均不容乐观，超过三成的调查对象对目前的工作表示不满意，四成半的调查对象认为自己的生活满意度一般，近四成的调查对象表示对自己的生活状况不满意。[②]

总之，目前农村劳动力的就业质量得到了一定提高，但仍存在改善空间。今后，政府应密切关注农民工的就业问题，并采取针对性的政策和措施，进一步改善农民工的工作环境，增强其工作稳定性，不断提升其工作满意度。

---

① 李超，吴宇恒，覃飙. 中国农民工工作满意度变迁：2003—2013 年 [J]. 经济体制改革，2016（1）：77-84.

② 周迎楠，王俊秀. 新生代农民工城市适应对生活满意度的影响——工作倦怠、工作意义和工作满意度的中介作用 [J]. 青年探索，2022（2）：16-26.

四、就业率稳步提升

党的十八大以来，我国在农村劳动力就业方面积极采取了一系列政策措施。政府鼓励农村劳动力前往城镇寻找更多就业机会，以稳定和扩大外出就业规模。各级政府不仅加大了对劳动力输出地的政策支持力度，还提供了一系列的培训和就业服务，为农村劳动力提供更好的就业机遇。同时，政府通过多种渠道促进农村劳动力就地就近就业，鼓励并支持农村产业发展，提供技术培训和就业指导，促进农村经济多元化发展。此外，政府加大了对农村劳动力的就业培训和就业创业扶持力度，鼓励他们通过自主创业来增加就业机会和就业能力。这些政策的实施对农村劳动力的就业状况产生了积极的影响，农村劳动力的就业率得以稳步提升，并一直保持在85%以上。2020年后，政府的"保就业"政策让农村劳动力避免了"失业危机"，就业率维持在89%以上（见表5-7）。

表5-7　　　　2013—2022年我国农村劳动力就业情况

年份	2013	2014	2015	2016	2017	2018	2019	2020	2021	2022
乡村就业人口（万人）	37 774	36 646	35 404	34 194	32 850	31 490	30 198	28 793	27 879	27 420
15~64周岁乡村人口（万人）	43 575	42 386	40 597	39 078	37 515	36 096	34 704	32 130	31 162	30 631
就业率（%）	86.69	86.46	87.21	87.50	87.56	87.24	87.02	89.61	89.46	89.52

2020年，疫情席卷全球，其他各国经济一直都处于低迷之中，失业率居高不下。我国再一次展现了社会主义制度的优越性，通过"集中力量办大事"的方式有效应对了疫情。从2020年第二季度开始，国家加大了"保就业"政策的力度，推行了一系列积极就业政策，产生了稳定就业市场的良好效果。尤其值得一提的是，农民工群体的就业状况有了明显改善。至第二季度末，外出务工农村劳动力总量为1.78亿，已基本恢复到疫情暴发前的水平。随着就业人口的持续增长，进城农民工的失业率也从7月的5.7%降至8月的5.4%。①2020年以来，全国各地纷纷采取多种措施帮助农民工返岗就业，对引导农村劳动力有序实现非农就业起到了重要作用。

五、返乡就业创业取得重大进展

在中国特色社会主义新时代的背景下，随着支持包括农民工在内的各类人才返乡就业创业政策的持续推进，全国各地掀起了一波返乡热潮。根据农业农村部（或原农业部）公布的数据，全国返乡入乡创业创新人员数量已从2016年的570多万②增加到2022年的1 220万。③这些返乡入乡创业创新人员对于农村产业结构的优化和多元化发展起到了积极促进作用。他们将从城市积累的技能、经验和资金带到家乡，为

---

① 国家统计局. 疫情冲击下的我国就业市场：短期波动与长期展望 [EB/OL].（2020-09-28）［2024-02-26］. http://www. stats. gov. cn/sj/sjjd/ 202302/t20230202_1896397.html.

② 董峻. 全国返乡创业创新人数累计达570多万 [EB/OL].（2016-12- 01）［2024-03-16］. https://www.gov.cn/xinwen/2016-12/01/content_5141536. htm.

③ 常钦. 栽下梧桐树 引回"金凤凰" [N]. 人民日报，2023-02- 17（18）.

乡村振兴战略的推进作出了重要贡献。在农业现代化方面，这些返乡人员的投入不仅促进了传统农业向现代农业的转变，还提高了农产品的质量和效益。在就业和收入方面，他们不仅为自身开辟了新的发展路径，也创造了大量就业机会，提高了农村居民的收入水平，并有效缓解了农村就业压力和贫困问题。在社会文化层面上，返乡人员传递了新的观念、技术和生活方式，促进了城乡文化的交融和农村社会的变革。从具体数据来看，2016—2021年返乡入乡创业创新人员数量与乡村振兴综合水平呈显著正相关关系（见表5-8），二者的相关系数高达0.962（P<0.01）。而朱纪广（2023）[①]基于2014—2018年中国家庭追踪调查（CFPS）数据的实证研究结果也表明，农民工返乡创业总体上对乡村振兴具有显著促进效应。

表5-8　　　　　2016—2021年返乡入乡创业创新
人员数与乡村振兴综合水平

年　份	2016	2017	2018	2019	2020	2021
返乡入乡创业创新人员数（万人）	570	740	780	850	1 010	1 120
乡村振兴综合水平[②]	0.468	0.490	0.522	0.55	0.566	0.583

在此过程中，涌现了大量优秀的农民工返乡创业典型人物。例如，河北省唐山市遵化市吕各庄村的田春艳，凭借自己的皮肤过敏经历和对传统猪胰子制作方法的了解，成功创立了唐山市素

① 朱纪广. 农民工返乡创业行为对乡村振兴的影响效应分析 [J]. 经济经纬，2023，40（1）：68-77.

② 刘惠良，肖华茂，刘红峰. 基于绿色发展的乡村振兴水平测度及其驱动因素 [J]. 中南林业科技大学学报，2023，43（8）：202-210.

品莲生物科技有限公司，并研发出 100 余种手工皂配方。[①]同样，云南大理白族自治州祥云县刘厂镇小波那村的朱红青在返乡后创办的祥云泰兴农业科技开发有限责任公司，凭借 3 个基地 4 100多亩的广阔面积，年生产蔬菜 3 万多吨，产品销售 10 多个省级地区，年销售收入高达 8 000 万元。[②]

然而，不可否认的是，各类人才返乡入乡就业创业仍面临一些挑战，包括创业项目创新能力不足、盲目模仿现象严重、就业创业环境仍需优化，以及受技术、资金、人才等方面的制约等，这些问题值得我们持续关注和探讨。总之，正视这些问题，并出台政策措施解决之，对于进一步促使各类人才返乡入乡创新创业以推动乡村振兴具有重要意义。

---

① 解楚楚. 创业梦想，这样照进现实——三个返乡入乡创业典型故事 [N]. 河北日报，2020-12-29（6）.

② 刘书贵. 朱红青：孵化创业平台的好保姆 [N]. 云南经济日报，2019-10-15.

第六章 研究结论与展望

第一节 研究结论

中华人民共和国 70 余年的奋斗历史记录了国家在社会主义现代化建设方面取得的重要成就，还展现了全国人民为实现强国富民的共同梦想所作出的艰苦奋斗。其中，农村劳动力就业形势及政策的不断变化成为最为真实的历史缩影之一。自中华人民共和国成立以来，农村劳动力就业政策的变迁历程不仅直接反映了我国传统农业社会结构的深刻变化，也是我国现代化产业体系建设历程的重要标志。从最初的土地改革到经济困难时期全民动手、大办粮食，从全国开展农业合作化到家庭联产承包责任制的实施、再到21世纪以来大规模的农民工进城潮，农村劳动力就业政策经历了从传统农业社会到现代工业社会的过渡，涉及一系列的政策调整和制度创新。这一变迁过程不仅反映了国家对于农村经济发展和社会变革需求的适时响应，也显现了劳动力市场对于宏观经济结构调整的敏感反应。同时，这些变化不仅显著提升了农村劳动力的生产效率和生活水平，实现了从务农到非农就业的转型，还促进了我国经济的快速增长，推动了我国现代化产业体系建设的进程。

一、政策变迁历程

中华人民共和国成立以来，现代化产业体系建设进程中我国农村劳动力就业政策经历了由以集体经济为核心逐步过渡到以市场经济为主导的深刻变迁，具体而言可以分为中华人民共和国成立初期（1949—1956年）限制农村劳动力盲目流动、社会主义建设探索时期（1957—1978年）促使农村劳动力回流、改革开放初期（1979—1992年）农村劳动力开始转移就业、社会主义市场经济体制确立初期（1993—2012年）农村劳动力有序转移就业以及中国特色社会主义新时代（2013年至今）农村劳动力高质量充分就业等5个阶段。这一历程不仅反映了国家政策导向的变化，也映射出农村社会经济结构的演进。政策的不断变迁充分反映了国家对农村就业问题的持续关注以及不断探索，同时展示了国家解决农村就业问题策略的日渐成熟。这些政策的调整旨在解决不同时期的农村剩余劳动力问题，并服务于国家经济社会建设。通过对历史的回顾，本研究发现，就业政策的制定源于时代需要，同时政策的实施推动时代进步。改革开放之前，农村劳动力就业带有明显的计划经济烙印，在农村从事集体化劳动是其主要特征，也为国家经济社会建设作出了突出贡献。改革开放之后，随着就业政策的调整，农村劳动力就业结构发生了显著变化，大量劳动力实现了向非农产业和城镇的转移，并有效推动了农民收入增长和社会经济发展。总之，我们必须正确看待这些就业政策在特定历史时期所发挥的作用，并从中吸取经验教训。这包括政策对满足当时历史需求的适应性和有效性、在政策实施中所取得的成效以及面临的问题与挑战。只有通过深入分析，我们才能更好地吸取历史的经验教训，从而为未来的政策制定和实施提供更科学的借鉴和更有效的指导。

二、政策变迁动因

政策变迁是一个复杂的过程，通常受到政治、经济、社会和文化等多方面因素的影响。在政策制定过程中，需要制定者综合考虑各种因素，并作出符合国情和民意的政策调整，以保持政策的科学性和有效性。纵观我国农村劳动力就业政策的演变历程，可以看出它受到了多种因素的影响。通过综合运用多源流理论、政策学习理论、政策变迁的 6 种视角以及内因-外因等理论进行分析，本研究发现关注指标的变化、关键事件的发生、待解决问题的发生、政策学习的需要、政策效果的反馈、利益相关方博弈、政府的理性选择和政策活动家的推动是我国农村劳动力就业政策变迁的主要动因。这些因素既涵盖了内外部动力的作用，也包括了各种行动者的参与。在塑造政策具体内容和方向方面，内部因素扮演着至关重要的角色。外部因素则需要经过一系列转化，才能成为推动政策变革的力量。行动者指的是由政府、专家、科研人员等构成的网络。他们密切合作，并通过协同行动推动政策变迁。其中，科研人员等政策活动家会发现一些政府未曾关注但对民生发展具有重要影响的问题，并将这些问题反馈给政府或相关决策者，以促使这些问题成为政策议程的一部分，从而推动政策变迁。总体而言，在反思农村劳动力就业政策变迁的过程中，我们需要客观理解历史背景和关键动因，并从中吸取经验教训。这样才能更好地在未来的政策调整和制定中满足农村劳动力的多元化需求，推动城乡融合发展，并促进社会公平与和谐的实现。

三、政策效果评估

自中华人民共和国成立以来，农村劳动力就业政策经历了由刚性到灵活、由封闭到开放的重大转变。这些变化对农村劳动力市场和农民的生活方式产生了深远影响。初期的政策着重通过土地改革和改善农田生产条件等措施来解放生产力，以及通过粮食统购统销和合作化运动来支持国家的工业化建设。随着改革开放的进行，为适应经济社会发展需要，农村劳动力就业政策逐渐关注如何合理引导农民工进城务工，并满足其各方面的就业权益。从政策实施的效果来看，在中华人民共和国成立初期农村剩余劳动力问题得到缓解，且工业化建设成效明显，但人口盲目流动现象仍然存在，故这一时期的政策目标只是部分达成，政策效果不够理想。在社会主义建设探索时期，实施户籍制度使得人口流动受到限制，通过促使农村劳动力回流克服了粮食困难，但"文化大革命"等政治运动使得农村劳动力的就业率出现大幅波动，故这一时期的政策目标也只是部分达成，政策效果也不够理想。在改革开放初期，农村劳动力转移就业规模持续扩大、收入得到快速增长，但有组织的劳务输出亟待加强，公共服务水平有待改善，故这一时期的政策目标也只是部分达成，政策效果也不够理想。在社会主义市场经济体制确立初期，农村劳动力转移就业渠道更加丰富，转移就业方式更加有序，公共就业服务体系基本形成，就业法律体系建设日益完善，可见这一时期的政策目标已基本达成，政策效果较为理想。在中国特色社会主义新时代，农村劳动力市民化水平显著提高，就业质量明显改善，就业率稳步提升，返乡创业取得重大进展，故这一时期的政策目标已基本达成，政策效果较为理想。总体而言，就业政策的效果受到多种因素的影响，从而导致政策目标与实施效果往往存在差距。因此，未来的政策设计应更多地考虑农村劳动力的多元需求，通过促进农村与城市的良性互动来实现社会的和谐稳定与持续发展。

第二节　研究展望

在现代化产业体系建设深入推进的背景下，我国农村劳动力的就业问题面临前所未有的契机与挑战。一方面，数字经济、绿色经济和服务经济的迅猛发展为农村劳动力创造了新的就业机会；另一方面，传统农业的萎缩、劳动力素质与市场需求之间的不匹配，以及农村地区在基础设施和信息技术应用方面的滞后，仍然是制约农村劳动力就业和收入提升的关键问题。在此背景下，构建和深化我国农村劳动力就业政策体系显得尤为迫切和重要。

一、注重职业技能培训与学历教育提升

农村劳动力的职业技能培训与学历教育提升是一个亟待优化与改进的领域。尽管我国政府已经采取了很多措施，但仍存在不足之处。目前，虽然我国政府推出了很多针对农村劳动力的职业

技能培训项目，但培训范围有限。特别是在偏远地区，这一问题显得更为突出。此外，部分培训项目在技术深度和实用性方面未能满足农村劳动力就业的需求。同时，尽管近年来农村的基础教育条件有所改善，但与城市相比仍存在很大差距。优质基础教育资源的欠缺使得农村学生的升学机会不足，能够接受高等教育的学生较少。此外，由于就业信息服务平台的欠缺，农村劳动力在获取就业信息、培训机会和创业指导方面面临着信息不对称问题，难以及时了解市场需求和相关培训资源。

为解决这些问题，首要任务是拓宽技能培训范围，并提升培训质量。政府应增加有关现代农业、新兴产业和服务行业的技能培训项目的种类和数量。引入企业和行业专家参与课程设计和教学，确保培训内容与市场需求紧密相关，从而提高培训质量。

其次，政府需要优化基础教育资源配置，并不断改善农村地区基础教育条件，积极通过远程教育和在线学习平台等方式为农村地区学生提供更多优质教育资源。同时，加大高等职业教育投入力度，建设更多职业技术学院，并提供更多奖学金，鼓励农村学生提高自身学历教育水平。

再次，建立和完善就业信息服务系统是减少信息不对称问题的关键。政府可以建立农村就业信息服务平台，提供及时准确的就业、培训和创业信息。此外，村委会、社区中心等基层组织可以定期举办就业指导和职业介绍活动。

最后，加大政策支持力度和激励措施对于促进农村劳动力培训项目的实施至关重要。为鼓励和引导私营企业、非政府组织以及教育机构参与，政府可以提供政策支持和财政补贴。此外，可以设立专项基金来支持农村创业项目，为农村青年提供创业指导和资金支持。

上述措施可以有效解决农村劳动力职业技能培训与学历教育

提升中的问题，推动农村地区的发展和劳动力就业。为了实现这些目标，政府、教育机构和社会各界需要共同努力，为农村劳动力创造更多机会和更好环境，提升他们的职业技能水平和就业竞争力，助力农村地区经济的持续发展。

二、拥抱数字经济时代

目前，我国已从工业经济时代进入数字经济时代，数字技术成为全面建设社会主义现代化国家不可或缺的物质技术基础。在促进农村劳动力就业方面，数字技术也起着至关重要的作用。它不仅改变了农村劳动力获取就业信息的方式，还为农村经济的转型和升级提供了新的机遇。

首先，数字技术通过互联网平台和移动应用程序，极大地提高了农村劳动力获取就业信息的效率。以"智慧农业"项目为例，借助互联网技术，农村劳动力可以获得全面的信息服务，包括农业技术、市场动态和就业信息等。这些信息服务大大减少了信息不对称，帮助农村劳动力及时发现就业和培训机会，从而提升其就业率。

其次，随着网络技术的发展，远程工作成为可能，这对于农村劳动力来说是一个巨大的福音。通过互联网，农村劳动力可以在家中参与远程服务、电子商务和在线教育等行业，不仅扩大了就业机会，还有助于减少城乡就业差异。"淘宝村"的兴起就是一个典型案例，农民通过开设在线店铺，销售本地产品，实现了从传统农业劳动力向现代电子商务参与者的转变。

最后，数字技术推动了农村经济的转型和升级。通过电子商务，农村产品可以直接进入更为广阔的市场，从而扩大了农产品的销路，提升了农民的收入水平。同时，信息技术促进了农村地区新产业的发展，如数据处理和在线服务等，为农村劳动力提供了新的就业领域。

我国处于数字化转型发展时期，这对农村劳动力就业政策提出了新的挑战和调整需求。数字化不仅改变了就业形态，也提供了新的经济增长点和就业机会。在这一背景下，农村劳动力就业政策应随着时代的变迁进行相应的调整，以确保农村劳动力充分利用数字经济的优势，提高就业质量和生活水平。

首先，要注重技能培训的数字化转型。中国互联网络信息中心（CNNIC）发布的第53次《中国互联网络发展状况统计报告》显示，截至2023年12月，农村网民规模达3.26亿人，农村地区互联网普及率为66.5%。这为农村劳动力的在线职业技能培训提供了基础。在此背景下，就业政策应支持开发针对农村特点的在线职业技能培训课程，如智慧农业技术、电子商务、远程服务等，鼓励农村劳动力通过在线学习提升自身技能。

其次，要发展农村电商和促进数字创业。就业政策应鼓励和支持农村地区开展电商活动，为农村电商创业提供启动资金、技术支持和税收优惠，促进农村数字经济的发展。此外，要加大对农村地区数字基础设施的投入，提升互联网覆盖率，增设公共Wi-Fi等，确保农村劳动力平等参与数字经济。

最后，要促进数字技能与传统技能结合。就业政策应鼓励农村劳动力将数字技能与传统农业、手工艺等技能相结合，开发新的就业机会。例如，利用数字技术提升传统农业的生产效率，或通过在线平台销售手工艺品等。

总之，在数字时代背景下，我国农村劳动力就业政策的调整应着重于提升农村地区的数字接入水平和技能培训，促进农村电商和数字创业，同时加强数字基础设施建设，确保农村劳动力平等参与数字经济。这些调整不仅能够帮助农村劳动力适应数字时代的新需求，也是推动农村经济转型和持续发展的关键。

三、促进劳动力流动和区域协调发展

在中国特色社会主义新时代的背景下，劳动力流动对于促进经济结构优化、产业升级以及区域协调发展具有重要意义。劳动力的合理流动不仅可以将劳动力资源从低效率领域转移至高效率领域，从而提升整体生产效率和经济增长，而且通过区域间劳动力的平衡分配，进一步促进各地经济的均衡发展，缩小区域间发展差异。此外，劳动力流动增强了劳动市场的灵活性和活力，有助于改善就业质量和提高劳动生产率，也有利于人口结构和社会结构的优化，缓解人口老龄化问题，并推动城乡融合发展。更为关键的是，劳动力流动能够激发创新活力和潜能，为地区创新提供动力，推动科技进步和产业升级。

为了充分发挥劳动力流动在促进区域协调发展和经济全面提升中的作用，政府需要采取多元化和系统化的策略。

首先，优化劳动力流动政策是基础性工作。近年来，我国通过适当放开城镇落户限制，积极鼓励农村劳动力向城市流动，显著提高了城镇常住人口的比重。政策调整应继续优化户籍政策，降低农村劳动力进城落户的门槛，并在教育、医疗、住房等公共服务领域给予更多支持，确保流动劳动力享有平等权利。

其次，提升劳动力素质和技能是促进劳动力流动的关键。例如，四川省通过实施职业技能提升计划，加强对农村劳动力的技能培训，在电子商务、现代农业等领域取得了显著成效。政府应加大对职业教育和在职培训的投入，尤其是在信息技术、数字经济等未来产业领域，以提升劳动力的就业素质。

再次，通过创新创业，扩大就业领域和创造多元就业机会，是实现劳动力流动和区域发展的有效途径。例如，江苏省依托其

发达的制造业基础，成功推广"智能制造"，吸引了大量技术工人，促进了就业结构的优化。政府应积极支持初创企业和小微企业发展，创造多样化的就业机会，特别是在服务业、创意产业等领域。此外，支持产业创新和升级对于促进劳动力流动同样重要。例如，浙江省通过实施"千村示范、万村整治"工程，推动了乡村产业的多元化发展，为劳动力创造了更多就地就近就业机会。

最后，深化国内外劳务合作，为我国劳动力提供更广泛的海外就业机会，既能拓展劳动力就业的地理和行业范围，也有助于提升我国劳动力的国际竞争力。

四、建立政策监测评估与反馈机制

在当代中国的社会经济背景下，农村劳动力就业政策的有效实施对于促进农村劳动力就业和改善农村经济结构具有重要意义。为确保这些政策的有效性和适应性，建立政策监测评估与反馈机制显得尤为重要。

首先，建立动态监测系统是增强政策适应性的基础。例如，浙江省通过应用大数据技术成功建立了一个农村劳动力就业信息系统。该系统能够实时捕捉和分析农村劳动力的就业情况，并提供关键指标的数据支持，如就业率、就业类型和收入水平等。借助该系统，政府能够及时调整并优化就业政策，有效提升政策的针对性和实施效果。因此，应在全国范围利用互联网、大数据等现代技术手段建立类似的动态监测系统，以实现农村劳动力就业状况的实时跟踪。

其次，建立定期评估机制对于保持政策的持续性、有效性至关重要。以四川省为例，该省定期对农村劳动力培训项目进行评估，评估指标涵盖培训满意度、就业率提升情况和收入变化等方面。通过这种定期评估，政府及时发现并解决了问题，调整了培训内容和方式，显著改善了培训效果。因此，建立一个包括年度评估和阶段性评估在内的定期评估机制尤为必要。这个评估机制应全面覆盖政策实施效果、受益群体反馈以及执行中遇到的难题等评估内容。

再次，建立政策反馈机制对于提升政策的透明度和互动性具有重要作用。根据政策反馈理论，政策不仅是外在环境的产物，还受到时间序列上前政策反馈机制的影响。[①]因此，我国农村劳动力就业政策体系需要在把握政策反馈效应的基础上，及时进行政策的调整与优化。这就需要建立和完善农村劳动力就业政策反馈机制，使得农民工、企业与政府机构共享信息、提出建议和反馈，以确保政策与实际需求和期望相匹配。

最后，促进各方参与和协作在整个政策监测评估与反馈过程中起到了桥梁和纽带作用。贵州省的实践表明，通过建立政府、企业、教育机构和社会组织协作的就业促进机制，成功地整合各方面的资源和智慧，大幅提升了政策实施效果。这样的协作模式增强了政策的全面性、深入性和适应性。

综上所述，通过建立动态监测系统、定期评估机制、政策反馈机制以及促进多方参与和协作，可以构建一个更加动态、开放和多元的政策监测评估与反馈机制。这样的机制将确保农村劳动力就业政策更好地适应当代我国农村经济社会的发展需要，有利于提升农村劳动力就业质量和效率，并加速农村经济结构的优化与升级。

---

① 熊烨. 政策变迁中的反馈机制：一个"理念-工具"分层框架——以我国义务教育阶段"减负"政策为例 [J]. 公共管理与政策评论，2022，11（5）：142-155.

主要参考文献

[1] 原献学. 组织学习管理 [M]. 海口：南海出版公司，
     2003.

[2] 本书编写组. 中国共产党简史 [M]. 北京：人民出版
     社，中共中央党校出版社，2021.

[3] 刘锐. 我国农村劳动力就地就近转移就业问题研
     究 [M]. 北京：经济管理出版社，2019.

[4] 杨河清. 劳动经济学 [M]. 5版. 北京：中国人民大学
     出版社，2018.

[5] 金登. 议程、备选方案与公共政策（中文修订版）
     [M]. 丁煌，方兴，译. 2版. 北京：中国人民大学出
     版社，2017.

[6] 刘洪银. 中国农村劳动力非农就业：效应与机制 [M].
     天津：南开大学出版社，2014.

［7］ 陈振明，等．政府工具导论［M］．北京：北京大学出版
社，2009．

［8］ 桑新民．步入信息时代的学习理论与实践［M］．北京：
中央广播电视大学出版社，2000．

［9］ 国家统计局综合司．全国各省、自治区、直辖市历史统
计资料汇编（1949—1989）［M］．北京：中国统计出版
社，1990．

［10］ 国家统计局人口统计司，公安部三局．中华人民共和国
人口统计资料汇编1949—1985［M］．北京：中国财政
经济出版社，1988．

［11］ 莫远人．江苏乡镇工业发展史——兼论农村未来的发
展［M］．南京：南京工学院出版社，1987．

［12］ 国家统计局农业统计司．1949—1984中国农业的光辉
成就统计资料［M］．北京：中国统计出版社，1984．

［13］ 陶旭辉，郭峰．异质性政策效应评估与机器学习方法：
研究进展与未来方向［J］．管理世界，2023，39（11）：
216-237．

［14］ 刘惠良，肖华茂，刘红峰．基于绿色发展的乡村振兴水
平测度及其驱动因素［J］．中南林业科技大学学报，
2023，43（8）：202-210．

［15］ 蒋文宁，陈振中．乡村振兴背景下订单式新型职业农民
培训的新探索［J］．成人教育，2023，43（7）：
45-51．

［16］ 高鸣．促进农村劳动力高质量充分就业：目标、困境与
政策构想［J］．华中农业大学学报（社会科学版），
2023（3）：1-10．

［17］ 杨伟国，韩轶之，王静宜．制度变迁动因研究：一个基
于新制度主义的整合性分析框架［J］．北京行政学院学

报，2023（3）：26-36.

[18] 杨宏山，孙成龙，周昕宇．政策学习的议题情境与组织模式——以国家"十四五"规划编制为例［J］．中国人民大学学报，2023，37（2）：14-26.

[19] 朱纪广．农民工返乡创业行为对乡村振兴的影响效应分析［J］．经济经纬，2023，40（1）：68-77.

[20] 贠杰．公共政策评估的制度基础与基本范式［J］．管理世界，2023，39（1）：128-138.

[21] 周建国，边燚．构建聚合的政策评估模式［J］．管理世界，2022，38（12）：92-104.

[22] 熊烨．政策变迁中的反馈机制：一个"理念-工具"分层框架——以我国义务教育阶段"减负"政策为例［J］．公共管理与政策评论，2022，11（5）：142-155.

[23] 张太宇，蔡银平，邢永亮．新生代农民工高质量职业培训的路径探析［J］．职业技术教育，2022，43（9）：55-58.

[24] 李启平，张宏如．新技术-经济范式下就业量质协调发展的挑战及对策研究［J］．湘潭大学学报（哲学社会科学版），2022，46（5）：42-45；58.

[25] 张琛，孔祥智．农村劳动力流动的演变历程、趋势与政策建议［J］．中国特色社会主义研究，2022（3）：31-38.

[26] 周迎楠，王俊秀．新生代农民工城市适应对生活满意度的影响——工作倦怠、工作意义和工作满意度的中介作用［J］．青年探索，2022（2）：16-26.

[27] 李胜会，夏敏．中国科技成果转化政策变迁：制度驱动抑或市场导向［J］．中国科技论坛，2021（10）：1-13.

[28] 李函珂，何阳．农业科技园区政策变迁：阶段、特征与动因——21世纪以来的政策文本分析 [J]．中国科技论坛，2021（3）：8-16．

[29] 谢玲红．"十四五"时期农村劳动力就业：形势展望、结构预测和对策思路 [J]．农业经济问题，2021（3）：28-39．

[30] 赵迪，罗慧娟．我国农村劳动力就业政策的演进与展望 [J]．农业农村部管理干部学院学报，2021（3）：80-85；41．

[31] 钟云华，刘姗．新中国成立以来高校毕业生基层就业政策变迁逻辑与发展理路——基于1949—2020年政策文本的分析 [J]．高校教育管理，2021，14（2）：114-124．

[32] 姚佳胜，董红莲．我国百年师范生就业政策的演进逻辑与理性选择 [J]．当代教育论坛，2021（1）：1-9．

[33] 王霆，刘玉．农民工就业政策量化评价 [J]．华南农业大学学报（社会科学版），2021，20（1）：71-83．

[34] 姚佳胜，方媛．基于倡议联盟框架的我国流动儿童教育政策变迁研究 [J]．教育理论与实践，2020，40（7）：18-22．

[35] 张毓龙，刘超捷．农民工职业培训：教育的积极补偿 [J]．南通大学学报（社会科学版），2020，36（6）：123-128．

[36] 袁志刚，宋京．知识经济与就业变动——来自发达市场经济国家的研究及启示 [J]．世界经济文汇，2000（4）：2-6．

[37] 李锐，熊晓涵．积极就业政策如何影响就业信心？——基于世界银行调查数据的实证研究 [J]．中南财经政法

大学学报，2020（1）：46-57；159.

[38] 尹云龙. 基于多源流理论视角的我国扶贫政策变迁动力模式研究［J］. 学术交流，2019（1）：126-136.

[39] 孙中伟，刘林平. 中国农民工问题与研究四十年：从"剩余劳动力"到"城市新移民"［J］. 学术月刊，2018，50（11）：54-67.

[40] 丁守海，吴迪，张鹤. 跨越中等收入陷阱迫需提升就业质量［J］. 教学与研究，2018（7）：22-32.

[41] 张广胜，田洲宇. 改革开放四十年中国农村劳动力流动：变迁、贡献与展望［J］. 农业经济问题，2018（7）：23-35.

[42] 杨志军. 从垃圾桶到多源流再到要素嵌入修正——一项公共政策研究工作的总结和探索［J］. 行政论坛，2018，25（4）：61-69.

[43] 于艳芳，杨岚. 基于欧盟经验的京津冀劳动力市场一体化对策研究［J］. 经济研究参考，2017（28）：18-21.

[44] 张恂. 基于人力资本理论的我国农村劳动力迁移探讨［J］. 商业经济研究，2017（12）：105-107.

[45] 孙萍，刘梦. 我国城镇弱势群体就业政策工具选择——基于政策文本的分析［J］. 东北大学学报（社会科学版），2017，19（6）：595-601；615.

[46] 陈建伟，王轶. 就业安置政策增加失地农民稳定工作机会了吗——基于特大型城市的数据［J］. 财贸研究，2017，28（1）：48-57.

[47] 高梅，吴义刚. 进城农民工就业质量新指标体系的构建与测算［J］. 安徽农业大学学报（社会科学版），2017，26（1）：57-64.

[48] 郜亮亮，杜志雄. 中国农业农村人才：概念界定、政策

变迁和实践探索 [J]. 中国井冈山干部学院学报，2017, 10 (1): 115-125.

[49] 张心洁，周绿林，曾益. 农业转移人口市民化水平的测量与评价 [J]. 中国软科学，2016 (10): 37-49.

[50] 英明，魏淑艳. 中国特色积极就业政策效果分析: 一个评估框架 [J]. 东北大学学报（社会科学版），2016, 18 (3): 288-295.

[51] 张然，曹华青. 供给侧结构性改革需要灵活保障的就业政策 [J]. 经济与管理，2016, 30 (3): 64-66.

[52] 任星欣，余嘉俊. 改革开放以来的政策学习: 以城镇土地使用政策变迁为例 [J]. 公共管理评论，2016 (2): 37-49.

[53] 魏淑艳，孙峰. "多源流理论"视阈下网络社会政策议程设置现代化——以出租车改革为例 [J]. 公共管理学报，2016, 13 (2): 1-13; 152.

[54] 李超，吴宇恒，覃飙. 中国农民工工作满意度变迁: 2003—2013 年 [J]. 经济体制改革，2016 (1): 77-84.

[55] 吕莉敏，马建富. 基于人力资本理论的新型职业农民培育研究 [J]. 职教论坛，2015 (16): 20-25.

[56] 杨腾原. 思想模型: 解释政策变迁的一种思路 [J]. 贵州社会科学，2015 (7): 122-128.

[57] 殷俊，李晓鹤. 促进就业政策的评价体系重构与实证分析 [J]. 吉林大学社会科学学报，2015, 55 (6): 25-33; 171.

[58] 陈悦，陈超美，刘则渊，等. CiteSpace 知识图谱的方法论功能 [J]. 科学学研究，2015, 33 (2): 242-253.

[59] 廖娟. 残疾人就业政策效果评估——来自 CHIP 数据的经验证据 [J]. 人口与经济, 2015 (2): 68-77.

[60] 秦晓楠, 卢小丽, 武春友. 国内生态安全研究知识图谱——基于 CiteSpace 的计量分析 [J]. 生态学报, 2014, 34 (13): 3693-3703.

[61] 娄玉花, 徐公义. 开展新生代农民工教育和培训模式的研究 [J]. 中国职业技术教育, 2013 (30): 77-80.

[62] 赵建国, 么晓敏. 大学生就业扶持政策的有效性分析及改进: 基于 DEA 方法的实证分析 [J]. 数学的实践与认识, 2013, 43 (11): 1-11.

[63] 宁国良, 李雪芹. 欧盟与日本性别平等就业政策的比较研究 [J]. 湖南大学学报 (社会科学版), 2013, 27 (5): 106-110.

[64] 薛澜, 林泽梁. 公共政策过程的三种视角及其对中国政策研究的启示 [J]. 中国行政管理, 2013 (5): 41-46.

[65] 霍玉文. 新生代农民工培训的障碍因素分析及对策探究 [J]. 河北师范大学学报 (教育科学版), 2012, 14 (3): 62-67.

[66] 李迎果. 西方近现代就业理论对我国高校毕业生就业政策的启示 [J]. 思想战线, 2012, 38 (2): 147-148.

[67] 李中建. 我国农民工政策变迁: 脉络、挑战与展望 [J]. 经济学家, 2011 (12): 70-76.

[68] 吴立保, 张斌. 日本和美国大学生就业促进政策及其启示 [J]. 教育发展研究, 2011, 31 (9): 49-54.

[69] 谢志强, 姜典航. 城乡关系演变: 历史轨迹及其基本特点 [J]. 中共中央党校学报, 2011, 15 (4): 68-73.

[70] 纪韶. 改革开放以来的中国农民工就业政策社会效应评

估研究 [J]. 经济与管理研究，2010（10）：89-95.

[71] 干咏昕. 政策学习：理解政策变迁的新视角 [J]. 东岳论丛，2010，31（9）：153-156.

[72] 宋静宜. 选准着力点促进稳定和扩大就业 [J]. 东岳论丛，2010，31（1）：167-170.

[73] 赵丽华. 返乡农民工职业技能培训的影响因素及对策 [J]. 职业技术教育，2009，30（28）：67-70.

[74] 项继发，程伟，陈遇春. 返乡农民工职业技能培训新形态——基于国家农业高新技术产业示范区为依托的基地化培训模式初探 [J]. 继续教育研究，2009（11）：64-66.

[75] 王超，陈晓君. 城镇化与返乡农民工职业培训的有利因素与障碍性分析 [J]. 成人教育，2009，29（10）：42-43.

[76] 张艳萍. 金融危机对就业与社会保障的联动影响及其策略 [J]. 学术交流，2009（6）：157-159.

[77] 许小平，董英. 欧盟中小企业的就业政策及其对中国的启示 [J]. 兰州大学学报（社会科学版），2007（6）：147-151.

[78] 杨代福. 西方政策变迁研究：三十年回顾 [J]. 国家行政学院学报，2007（4）：104-108.

[79] 董克用. 就业问题的公共政策思考 [J]. 中国就业，2007（3）：47-49.

[80] 徐德明. 维护职工劳动保障权益：问题及对策 [J]. 中国党政干部论坛，2007（3）：12-15.

[81] 陈潭. 公共政策变迁的过程理论及其阐释 [J]. 理论探讨，2006（6）：128-131.

[82] 中国农民工问题研究总报告起草组. 中国农民工问题研

究总报告 [J]. 改革, 2006 (5): 5-30.

[83] 张彦丽, 王峰. 充分就业: 构筑和谐社会的基石——烟台市落实就业政策的实践与思考 [J]. 求实, 2006 (Z1): 198-199.

[84] 孙百鸣. 我国农村电子商务发展初探 [J]. 北方经济, 2005 (10): 37-38.

[85] 蔺艳芳. 我国近期就业政策选择的重点 [J]. 经济经纬, 2004 (5): 19-21.

[86] 李国敬. 加快农村电子商务发展的几个问题 [J]. 山东省农业管理干部学院学报, 2004 (4): 45-46.

[87] 杨雪. 欧盟对失业采取的预防和激励政策分析 [J]. 人口学刊, 2003 (4): 15-19.

[88] 孙家良, 严后乐. 对劳动就业的一些理论思考 [J]. 商业研究, 2003 (3): 65-67.

[89] 杨宜勇. 从战略高度制定促进就业政策措施 [J]. 中国经贸导刊, 2002 (19): 25-26.

[90] 张兴杰, 王骝. 论"民工潮"的积极作用和消极影响 [J]. 经济体制改革, 2001 (4): 55-59.

[91] 管怀鎏. 1991~1998: 沿海开放城市经济发展分析与思考 [J]. 世界经济研究, 2000 (6): 43-46; 42.

[92] 武力, 李光田. 论建国初期的劳动力市场及国家的调控措施 [J]. 中国经济史研究, 1994 (4): 15-26.

[93] 蔡胜. 政策学习视角下中国社会组织政策变迁研究——基于185份政策文本的NVivo分析 [D]. 上海: 华东政法大学, 2021.

[94] 赵琳. 菏泽市农民工就业培训问题研究 [D]. 合肥: 安徽大学, 2017.

[95] 李彤. 中国现阶段农民工培训的供需均衡分析 [D]. 济

南：山东大学，2012．

[96] 杨明伟．中国式现代化从哪里来［N］．学习时报，2023-08-23（A1）．

[97] 楼纯．2023年快手农产品订单量超13.6亿，同比增长56%［N］．钱江晚报，2024-05-11．

[98] 常钦．栽下梧桐树 引回"金凤凰"［N］．人民日报，2023-02-17（18）．

[99] 李心萍．持续壮大高技能人才队伍［N］．人民日报，2022-12-07（13）．

[100] 解楚楚．创业梦想，这样照进现实——三个返乡入乡创业典型故事［N］．河北日报，2020-12-29（6）．

[101] 刘书贵．朱红青：孵化创业平台的好保姆［N］．云南经济日报，2019-10-15．

[102] 朱剑红．全国农民工监测调查报告发布 农民工总数超2.6亿［N］．人民日报．2013-05-28（1）．

[103] 韩钧，滕汉霞．113名农民工将赴沙特"淘金"［N］．民族日报，2009-04-27．

[104] 薛志伟．就业规模不断扩大 城乡市场共同繁荣［N］．经济日报，2009-09-27．

[105] 徐文君．我省为农民工境外就业建立"绿色通道"［N］．吉林农村报，2006-07-28．

[106] 朱国亮．江苏：农民工春节后返岗比例已超九成［EB/OL］．（2023-02-16）［2024-03-16］．https://www.gov.cn/xinwen/2023-02/16/content_5741827.htm．

[107] 数据基地．中国历年粮食产量（1949—2021年）［EB/OL］．（2022-10-11）［2024-03-07］．https://www.shujujidi.com/hangye/646.html．

[108] 陈笑．中国乡镇企业的发展演变［EB/OL］．（2020-

10-27）［2024-03-09］. https://www.cikd.org/detail?
docld=1610.

[109] 董峻. 全国返乡创业创新人数累计达 570 多万［EB/
OL］.（2016-12-01）［2024-03-16］. https：//www.
gov.cn/xinwen/2016-12/01/content_5141536.htm.

[110] 徐晓洁. 走出去 天地宽——河南省建设劳务输出情况综
述［EB/OL］.（2007-03-09）［2024-03-15］. https://
www.henan.gov.cn/2007/03-09/247893.html.

[111] LIU Y, LI A. Quantitative evaluation and path
optimization of college students' employment policy
based on text mining［J］. Wireless Communications
and Mobile Computing, 2022. DOI：10.1155/2022/
3812215.

[112] WHITESIDE N. Before the gig economy： UK
employment policy and the casual labour question
［J］. Industrial Law Journal, 2021, 50（4）：
610-635.

[113] STÅHL C, MACEACHEN E. Universal basic income
as a policy response to COVID‐19 and precarious
employment：Potential impacts on rehabilitation and
return‐to‐work［J］. Journal of Occupational
Rehabilitation, 2021, 31（1）：3-6.

[114] KENECHUKWU C, EZEKIEL O, UBAH C.
Effectiveness of quantitative monetary policy
implementation in the success of full employment in
Nigeria：1986-2018［J］. Asian Journal of
Economics Business and Accounting, 2021：39-57.

[115] MICHAELIDES M, MUESER P. The labor market

effects of US reemployment policy: Lessons from an analysis of four programs during the great recession [J]. Journal of Labor Economics, 2020, 38 (4): 1099-1140.

[116] GARIN A. Putting America to work, where? Evidence on the effectiveness of infrastructure construction as a locally targeted employment policy [J]. Journal of Urban Economics, 2019, 111 (C): 108-131.

[117] BOWRING A M. The Ideological boundary condition on great society employment policy [J]. Journal of Policy History, 2018, 30 (4): 657-694.

[118] SONG J. Young people, precarious work, and the development of youth employment policies in Japan [J]. Japanese Journal of Political Science, 2018, 19 (3): 444-460.

[119] SERRANO PASCUAL A, MARTÍN MARTÍN P. From 'Employability' to 'Entrepreneuriality' in Spain: Youth in the spotlight in times of crisis [J]. Journal of Youth Studies, 2017, 20 (7): 798-821.

[120] RUBERY J, KEIZER A, GRIMSHAW D. Flexibility bites back: The multiple and hidden costs of flexible employment policies [J]. Human Resource Management Journal, 2016, 26 (3): 235-251.

[121] BOLTON S, LAASER K, MCGUIRE D. Quality work and the moral economy of European employment policy [J]. JCMS: Journal of Common Market Studies, 2016, 54 (3): 583-598.

［122］ ZARTALOUDIS S. Money, empowerment and neglect - The Europeanization of gender equality promotion in Greek and Portuguese employment policies ［J］. Social Policy & Administration, 2015, 49 (4): 530-547.

［123］ AURICH - BEERHEIDE P, CATALANO S L, GRAZIANO P R, et al. Stakeholder participation and policy integration in local social and employment policies: Germany and Italy compared ［J］. Journal of European Social Policy, 2015, 25 (4): 379-392.

［124］ COLLEY L. Understanding ageing public sector workforces: Demographic challenge or a consequence of public employment policy design? ［J］. Public Management Review, 2014, 16 (7): 1030-1052.

［125］ SONNET A, OLSEN H, MANFREDI T. Towards more inclusive ageing and employment policies: The lessons from France, the Netherlands, Norway and Switzerland ［J］. De Economist, 2014, 162 (4): 315-339.

［126］ CHABANET D. Between youth policy and employment policy: The rise, limits and ambiguities of a corporatist system of youth representation within the EU ［J］. JCMS: Journal of Common Market Studies, 2014, 52 (3): 479-494.

［127］ ZIMMERMANN K, AURICH P, GRAZIANO P R, et al. Local worlds of marketization - Employment policies in Germany, Italy and the UK compared ［J］.

Social Policy & Administration, 2014, 48 (2):
127-148.

[128] DELFANI N. Experts versus politicians: The role of partisan ideology in European Union employment policy [J]. Comparative European Politics, 2013, 11 (1): 70-92.

[129] KOCHAN T A. The American jobs crisis and its implication for the future of employment policy: A call for a new jobs compact [J]. ILR Review, 2013, 66 (2): 291-314.

[130] BLASCO S, PERTOLD - GEBICKA B. Employment policies, hiring practices and firm performance [J]. Labour Economics, 2013, 25 (0): 12-24.

[131] SHIPAN C R, VOLDEN C. The mechanisms of policy diffusion [J]. American Journal of Political Science, 2008, 52 (4): 840-857.

[132] EISING R. Policy learning in embedded negotiations: Explaining EU electricity liberalization [J]. International Organization, 2002, 56 (1): 85-120.

[133] HINDMOOR A. The importance of being trusted: Transaction costs and policy network theory [J]. Public Administration, 1998, 76 (1): 25-43.

[134] HALL P A. Policy paradigms, social learning, and the state: The case of economic policymaking in Britain [J]. Comparative Politics, 1993, 25 (3): 275-296.

[135] SHERRADEN M W. Employment policy: A conceptual framework [J]. Journal of Social Work

Education，1985，21（2）：5-14.

[136] SHA X，LIU X. Research on the construction of public policy evaluation system of new employment pattern development based on AHP［C］. 2022 2nd International Conference on Business Administration and Data Science （BADS 2022）. Amsterdam：Atlantis Press，2022：559-574.

索引